职业教育理论与实践探索

刘乃嘉 王 庆 卢虹竹 田 威 著

中国青年出版社

图书在版编目（CIP）数据

职业教育理论与实践探索/刘乃嘉等著. --北京：中国青年出版社，2024.11. --ISBN 978-7-5153-7586-1

Ⅰ.G718.5

中国国家版本馆 CIP 数据核字第 2025M3P207 号

职业教育理论与实践探索

| 作　　者：刘乃嘉　王　庆　卢虹竹　田　威
| 责任编辑：刘　霜　罗　静　邵明田
| 出版发行：中国青年出版社
| 社　　址：北京市东城区东四十二条 21 号
| 网　　址：www.cyp.com.cn
| 编辑中心：010—57350508
| 营销中心：010—57350370
| 经　　销：新华书店
| 印　　刷：北京联兴盛业印刷股份有限公司
| 规　　格：710mm×1000mm　1/16
| 印　　张：11.25
| 字　　数：150 千字
| 版　　次：2024 年 11 月北京第 1 版
| 印　　次：2024 年 11 月北京第 1 次印刷
| 定　　价：68.00 元

如有印装质量问题，请凭购书发票与质检部联系调换

联系电话：010—57350337

前　言

职业教育是与经济社会发展联系最紧密、服务最贴近、贡献最直接的教育类型。职业教育政策是国家公共政策体系的重要组成部分，它以解决公共职业教育问题、满足公共教育利益为目的。从政治学视角来分析职业教育政策的演变规律，是公共政策研究方法及其内容在职业教育领域的运用和拓展，能够提高政策形成的科学性和政策执行的实效性，满足广大群众的利益诉求，服务于整个国家治理体系现代化大局。

职业教育与普通教育是不同类型但价值相等的教育种类，是与产业经济和社会发展结合最为紧密的教育业态。职业素养是职业院校学生未来职业生涯发展的基础，把学生培养成为具有较高职业素养的准职业人是职业院校的重要任务。高职教育的可持续发展，必须有坚实且先进的理论支撑、丰富的经验积累和经过检验的成功实践范例的借鉴。

笔者在撰写本书的过程中，参考了许多资料及其他学者的相关研究成果，在此对他们表示衷心的感谢。由于笔者水平有限，书中难免有错误和疏漏之处，在此敬请同行专家和读者批评指正。

刘乃嘉　王　庆　卢虹竹　田　威
2024 年 12 月

目　录

第一章　职业教育的基本理论 ……………………………………… 1
　第一节　职业教育的概念与特征 …………………………………… 1
　第二节　职业教育的目的与任务 …………………………………… 11
　第三节　职业教育的地位与功能 …………………………………… 15
　第四节　职业教育的培养目标 ……………………………………… 24

第二章　高职教育的专业建设 ………………………………………… 30
　第一节　高职教育专业建设的内涵 ………………………………… 30
　第二节　高职教育专业建设的影响因素与原则 …………………… 33
　第三节　高职教育的专业群 ………………………………………… 38

第三章　高职教育教学的创新 ………………………………………… 49
　第一节　高职教育教学方法创新 …………………………………… 49
　第二节　高职教育教学方法创新评价 ……………………………… 52
　第三节　高职教育教学创新的思路 ………………………………… 56
　第四节　高职教育教学创新的策略 ………………………………… 74

第四章　高职教育师资管理 …………………………………………… 79
　第一节　高职院校教师职业的性质与特点 ………………………… 79
　第二节　高职院校教师的职责和基本要求 ………………………… 83
　第三节　高职院校教师应具备的素质 ……………………………… 88
　第四节　高职院校教师队伍的建设和发展 ………………………… 91

第五章　高职教育的可持续发展 …………………………… 98
　　第一节　高职教育可持续发展的理念解读 ……………… 98
　　第二节　高职教育可持续发展的体系构建 ……………… 100
　　第三节　高职教育校企合作的可持续发展 ……………… 106

第六章　高职教育的信息化发展 …………………………… 115
　　第一节　高职教育信息化发展的必要性 ………………… 115
　　第二节　现代教育技术与高职教育信息化发展 ………… 134
　　第三节　高职教育信息化建设的未来展望 ……………… 167

参考文献 …………………………………………………………… 171

第一章　职业教育的基本理论

深入研究职业教育的基本理论，对于提升职业教育质量、推动其创新发展，进而满足社会经济发展对人才的多样化需求，具有至关重要的意义。

第一节　职业教育的概念与特征

一、职业的含义

在我国，"职业"一词最早见于《国语·鲁语》："昔武王克赏，通道于九夷、百蛮，使各以其方贿来贡，使勿忘职业。"这里的"职"指执掌之事。"业"是古代记事的一种方法，在木棒上刻上锯齿，有多少事情就刻多少个齿，做完一件就刻一个齿，即"修业"。所以，"业"的含义是事。"职业"即分内应做之事，与一定的社会分工和完成某件事所需要的技术、技能相联系。

从职业发展历史看，随着奴隶社会的不断发展，农业与手工业、畜牧业不断分离，导致脑力劳动与体力劳动逐渐分离，并出现了最早的职业。在我国古代，有"官有职，民有业"一说。这里的"职"与"业"主要指的是朝廷人员与老百姓所从事的主要工作："职"指的是官事；"业"指的是农、牧、工、商，也就是今天所指的行业。可见，在我国古代，"职"与"业"是分开赋予含义的。较早地完整使用"职业"一词是在《荀子·富国》："事业所恶也，功利所好也，职业无分，如是，则人有树事之患，而有争功之祸矣。"到了近代，随着社会的进步，社会分工日益精细化与复杂化，"职""业"逐渐地被一起使用，主要含义是指个人在社会中所从事的并以其为主要生活来源的合法工作的种类。

现代的"职业"是指，人们在社会中所从事的、相对稳定的、作为主要生活来源并以此为社会服务和体现自我价值的专门合法工作。可见，职业是参与社会分工，利用专门的知识和技能，为社会创造物质财富和精神财富，获取合理报酬并将其作为物质生活来源，满足精神需求的工作。它包含五个方面的内涵：第一，职业必须是社会分工产生的，为社会所承认的有益的工作，与人类的需求和职业结构相关；第二，职业必须是相对稳定的，不是可有可无的，也不是临时的，有一定的连续性，与职业的内在属性相关，强调利用专门的知识和技能；第三，职业必须是为群众服务的，是服务于社会也是社会所必需的，从而也是个人发展和实现人生价值的主要渠道；第四，职业与社会伦理相关，强调创造物质财富和精神财富，获得合理报酬；第五，职业是能够为己谋生的，是个人愿意以此获取生活资料的主要来源，与个人生活相关。

二、职业教育的概念

职业教育是一种复杂的教育活动，对其概念的认识也是复杂多样的。下面，将从广义与狭义、外部与内部四个角度对其概念进行归纳和分析：

从广义的角度理解"职业教育"，其概念包括三层含义：①所有的教育和培训都具有职业性，均有职业导向，因为所有的教育都影响着个人的职业；②职业教育和培训包含了所有类型的技术传授；③职业教育既可以在家庭中进行，也可以在工作单位或正规院校中进行。

从狭义的角度理解"职业教育"，其概念也包括三层含义：①职业教育就是培养高级工匠的教育；②职业教育和培训仅包含操作性技能之类的技术传授；③职业教育是同普通教育相对的，以专门培养中级专业技术人才为目的的学校教育，它处于大学层次之下，反映了教育体系内部的结构与分工。

显然，广义的"职业教育"的概念混淆了职业教育与其他类型教育的差别，未区分出职业教育所传授的特定技术类型，而狭义的"职业教育"的概念则把职业教育局限于操作技能训练和中等层次的程度上，因此，二者都没有真实地、全面地反映出现代职业教育的真谛。

联合国教科文组织将技术与职业教育界定为：①普通教育的一个组成部分；②准备进入某一就业领域及有效加入职业界的一种手段；③终身学习的一个方面及成为负责任的公民的一种准备；④有利于环境的可持续发展的一种手段；⑤促进消除贫困的一种方法。联合国教科文组织主要从职业教育的外部关系阐述了职业教育的外延和作用，这样的表述更易于让大多数国家的政府接受并重视职业教育，这正是其用意所在。

职业教育还需要从其内部来审视其内涵。首先，职业教育应该是一种不同于普通教育的独特的教育类型，应该把职业学校真正办成遵循职业教育规律和特性，体现职业教育价值的教育机构，而不是作为低于普通学校的"二流"学校。其次，职业教育是培养技术应用型、技能型人才的一种教育或培训服务。职业教育的概念包括五个要点：①职业教育是教育的一种类型；②职业教育培养的是技术应用型、技能型职业的人才，而不是培养所有职业的人才；③职业教育是一种服务业，它为准备成为技术技能型人才的人提供教育服务；④职业教育培养的是人才，是在普通教育基础上进行的；⑤职业教育具有层次之分，旨在培养技术应用型与技能型两类人才。

作为独特教育类型的职业教育，在课程方面，是以就业能力为导向的能力本位课程或工作过程课程；在教学方面，实施行动导向教学，实行工学结合的人才培养模式；在学生评价方面，要求以学生获得职业胜任能力和职业资格为依据，重行而不唯知；在教师评价方面，要从重升学率和学术成果转向重就业导向的课程开发和教学应用与转化；在管理制度方面，要建立起符合职业教育规律与特色的管理制度；在教育体系方面，职业教育是横向"结成"体系，而普通教育是纵向"自成"体系。

综上所述，职业教育是终身学习的重要组成部分，是全民教育的主要承担者，是以培养符合职业或劳动环境所需要的技能型人才为目标的一种教育类型。它以职业需要为导向，以实践应用型技术和技艺为主要内容，传授职业活动必需的职业技能、知识、态度，并使学习者获得或者提高职业行动能力，进而获得相应的职业资格。职业教育所培养的人才是技能型人才，进一步可以分为技术应用型人才和操作技能型人才，二者都需要具备一定的理论技术、实践技术、心智技能和运动技能，都需要在生产或服务一线通过行动将已有的设计、规范和决策转化为产品或服务成果。

三、职业教育的内涵

职业教育是终身教育和终身学习的体系中，建立在基础教育之上的，为引导学生掌握在某一特定职业或职业群中从业所需的实际技能、知识和认识的教育服务，是使受教育者获得某种职业或生产劳动所需要的职业技能、知识、职业道德的教育，其目的是培养技能型应用人才和具有一定文化水平及专业知识技能的劳动者。[①] 职业教育是社会发展的产物，是人类文明发展的产物，是人自身发展到某个特殊时期的产物。职业教育受益于社会，促进社会发展是职业教育的应有之义和神圣职责。职业教育应包括两部分内容：①职业技术学校教育，即学历性的职业教育，分为初等、中等、高等职业学校教育；②职业培训，即按照职业需求或劳动岗位的要求，以开发与提高劳动者的职业技能为目的的教育和训练活动，是非学历性的短期职业教育。职业培训的形式多种多样。目前，我国的职业培训包括从业前培训、转业培训、学徒培训、在岗培训、转岗培训及其他职业性培训。根据实际情况，也可以将职业培训分为初级、中级、高级职业培训。因此，我们必须从下面五个方面准确把握职业教育的内涵：

---

① 王辉珠. 现代职业教育学概论［M］. 西安：西北大学出版社，2015.

（一）职业教育是终身教育体系的一个组成部分

职业教育是相对于其他教育存在的，没有其他类型教育也就不存在职业教育，并且职业教育是教育的重要组成部分，它对人的职业化、经济社会发展等具有重要价值。就个人而言，人对教育有基本需求、从业需求和闲暇需求，而职业教育可以满足人的从业需求。因此，职业教育是人的终身教育和全面发展的一个方面、一个阶段、一个重点。

（二）职业教育是建立在基础教育之上的

接受职业教育需要以一定的科学文化知识为基础。高职教育以普通高中教育为基础，中等职业教育以初中教育为基础，初等职业教育以小学教育为基础。

（三）职业教育是职业定向教育

定向教育是以职业或职业群为主要依据的专业类别培养人才的方式。无论是全日制职业教育、部分时间制职业教育，还是职业培训，都是给予学生或从业人员从事某种特定职业或职业群所需的实际知识、技能和态度的教育，是为就业、转业做准备的，也就是使"无业者有业，有业者乐业"。完成职业教育课程后，可以获得教育部、雇主协会等认可的在劳务市场上从业的资格。职业人才有多种类型、多种层次。

（四）职业教育面向部分人群

职业教育主要面向技术性、技能性职业者。非技术性职业者、学术性职业者、工程性职业者等，均无须接受职业教育。

（五）职业教育是一种服务

职业教育过程分别由教育、教学、管理和服务构成。职业教育过程的结果是转变学生，职业教育机构向学生提供学习、生活、劳动的设备设施，学生通过教师的教育教学掌握特定职业或职业群所需的知识、信息、方法，提高从业所需的实际技能，以及认识世界、改造世界的能力。因此，职业教育是一种高尚的服务业。

四、职业教育的基本特征

(一) 职业性

职业教育以培养生产、服务、技术与管理所需要的高素质劳动者和技术型、技能型人才为目标,具有以职业为导向、为就业服务的特点。

职业是职业教育的基础,是规范职业教育的专业、课程和评价的标准。一种职业必须是信息和观念的组织原则,是知识和智力发展的组织原则。职业给我们一个轴心,它把大量变化多样的细节贯穿起来,从而使种种经验、事实和信息的细目井井有条。

职业教育以学生能够就业并能在未来的职业实践中得到发展为主要目标,教学内容以学生就业岗位需要为导向,教学环境强调与真实的环境相同或相似。

职业性并不排斥文化修养、人文道德,而是融人力、知识、技术、技艺、工作的任务与过程及行动、道德、价值、精神等于一体。同时,职业教育重视培养学生良好的职业道德、职业意识、职业纪律、职业习惯和忠于职守的敬业精神,其教学计划、教学过程、教学方法、教学组织、生产实习和教学实习等都与社会职业需要,以及学生的职业活动、文化修养紧密联系。

(二) 技术性

技术只有通过职业教育内化到劳动者身上,才能转化为现实生产力,发挥出它的功能。技术的演变会影响职业教育发展的结构、层次、规模、课程和方法等。技术结构及产业结构的变化推动着职业教育结构的演变。技术革命及其引发的社会生产方式的变革决定着职业教育思想的发生和发展,技术革命导致了职业教育技术制度的变革。

技术可分为经验型技术、实体型技术和知识型技术,它们都是职业教育课程的主要内容。职业教育的教学过程充分体现了技术的属性、技术传授的规律和要求。技术的学习需要重复,但重复不排斥创新。

技术的进步推动了职业教育的办学模式和人才培养模式的改革。职业院校应该紧跟技术的发展趋势，通过产教结合、工学结合等基本途径，使教育与训练并重，促进学生对新技术和新工艺的掌握，提高其就业能力。

（三）社会性

世界各国的职业教育各具特色，但凡成功的职业教育模式，都与本国社会实际紧密结合。社会环境适宜职业教育的发展，职业教育就能有效地促进经济社会的发展。职业教育不可能脱离社会环境，因为它与社会劳动就业联系密切，而劳动就业又是高度综合性的社会工程，涉及国家和地区的资源、人口、经济、政治、科学、文化、社会风俗观念、有关制度措施等各个方面，所以，这些都牵动着职业教育的发展。另外，职业教育诸如联合办学、定向培养、委托培训等办学途径，也使得职业院校必然受社会多方的制约。

职业教育又是一种社会需求制约型的教育，其培养目标、发展规模、结构和速度既受社会需求的推动，又受社会需求的约束。在不同的历史时期，随着社会需求的变化，必然会引发职业教育的发展与变革。

职业教育对社会环境的高度依存性，要求其办学必须是开放的、灵活的。职业教育只有吸纳全社会的力量才能发展好，除在培养目标的确定、专业的设置、教学内容和教学方式的选择等方面要紧贴社会实际需要之外，在教学、课程、评价和管理等实施过程中，还需要行业、企业的参与和支持。只有与生产劳动和社会实践紧密结合，走工学结合之路，实行灵活多样的人才培养模式，职业教育的培养目标才能实现。

（四）实践性

1. 教学内容突出实践性

职业教育在教学内容的选择上不过分强调专业的学术性、系统性、完整性和理论性。基础理论课的内容以必需和够用为原则，重理论知识中相关结论的使用而轻其推导过程。教学内容的着重点在实践操作和专业技能的培养上，摒弃学生听得多、看得多、重理论、轻实践的教学方法，而采用以实践为重、为先的方法，先做后学、先学后教、以需定教。

2. 教学方法上突出实践性

在课程安排上先建立实践教学体系，后建立理论教学体系；先进行专业课教学，后进行基础课教学；在具体教学中，先让学生动手做一做，然后归纳总结，再有针对性地开展理论学习。

3. 教学过程突出实践性

我国的职业教育无一例外地选择了突出实践性的工学结合、产教结合的教学模式。在整个教学过程中，院校的教学实训与企业实习交叉进行，从而使教学更具实践性、应用性，也更贴近企业对学生技能的要求。

（五）大众性

职业教育的大众性即职业教育的人民性。职业教育是面向人的教育，因此，职业教育必须有教无类，必须代表人民群众的教育利益，最大限度地满足广大群众的需要，以服务人民群众为宗旨，保证人人享有接受职业教育与培训的机会，使职业指导和职业咨询面向社会所有成员。在当今社会，绝大多数的社会职业都需要经过一定的职业训练，并由获得职业资格的人来从事，这就决定了每个公民都必须接受一定的职业教育。

（六）终身性

职业教育贯穿人的一生，是实现终身教育的一种形式。一个人在一生中只有不断地接受职业教育，才能具有胜任各项工作的能力。在基础教育阶段，可以对儿童进行职业意识等最基本的职业素质教育；进入初中阶段后，学生接受职业教育的机会越来越多，既可以通过普通教育教学内容的渗透接受初级职业教育和培训，也可以通过分流接受以就业为导向的职业教育；进入社会以后，人们也必须根据生产科技发展的需要，接受各种职业培训，以完善自己；当人们到达一定年龄、离开职业岗位，仍然可以根据自己的特点和需求，选择职业教育的内容和类型，以充实自己、完善自己，满足自己享受教育的需要。职业教育应以更加开放和宽阔的胸怀、更加灵活多样的课程和教学模式，提供终身学习的机会和途径。

(七) 市场性

职业教育要满足市场对人才的需求。如果只是按教育规律办学而不考虑人才市场的需求，那么培养出来的学生，其就业难度会很大；而如果只是按人才市场需求办学，在教育过程中不尊重教育规律，那就培养不出高素质的人才。因此，职业教育既要按教育规律办学，又必须按市场规律运作，这就是说，职业教育要具有市场性。

职业教育在办学指导思想上应确立以人才市场需求为导向的运作模式。市场的需求就是设置专业的依据，企业对岗位或岗位群的具体要求就是职业教育课程和教学内容的要求，具体目标是教学要求与职业岗位要求零距离。因此，职业教育要注重相关专业领域的最新技术发展，并根据发展实际调整课程结构和教学内容，做到教学内容及时反映本专业领域的新知识、新技术、新工艺、新方法，使教学内容与经济发展相适应、与技术改革相同步。

(八) 多样性

突出职业教育的特点，达到教学目的，关键是教学方法。职业教育对象的多样性和教学内容的技术性、实践性，决定了职业教育的教学方法应该是灵活的、多样化的。在具体的教学过程中，教师应该打破传统的教室与讲台的课堂模式，根据不同的教育对象和教学内容，采取具有实效性的教学方式，多角度、多方位地拓宽课堂、活跃课堂。除了讲授、讨论、问答等方式外，还可以采用观摩、模拟操作、"双师"型教师指导、技师带徒弟、实际工作岗位锻炼、心理考验和心理锻炼等方式。职业教育的教与学的场所，可以不受校园的限制，既可以在工厂车间进行，也可以在田间地头进行；教学内容可以不受普通学历教育和学制年限的制约，能够根据教育对象进行调整；在时间上可以是几年、几个月，既可以是全日制，也可以是非全日制。

（九）直接性

职业教育是一种产业。是产业就要讲求效益，就要讲投入与产出。职业教育的投入与产出的循环周期较短。也就是说，职业教育的效益体现得比较直接。职业教育的教学内容直观而实际，具有较强的针对性和实际操作性。不论是高层次的职业教育，还是针对性较强的职业培训，接受教育与培训的个人都能很快地把自己学到的技术和技能运用到生产实际或经济建设的实际中去，运用所学知识与技能，提高劳动生产率，在短时间内创造出物质财富和增加经济收入，而投入者也能很快从中受益。因此，不论是提高在岗人员的知识和技术水平，还是为下岗人员创造再就业的条件，或是为广大的农业劳动者传授农业科学知识，职业教育都能起到积极作用。

（十）适应性

职业教育的适应性就是随社会经济的发展，特别是生产技术水平的提高而改变自身特性或发展方式的能力。它区别于普通教育的规定性，是其独有的特征。职业教育的适应性表现在以下两个方面：

1. 职业教育制度的适应

国家发展职业教育，建立健全适应社会主义市场经济和社会进步需要的职业教育制度。该制度包括办学方向、办学层次、教学内容、职业培训机构及对学生的要求等方面，并且始终处于主动适应的位置，适应社会经济发展的需要。

2. 职业教育对象的适应

受教育者不应只是具有过于狭隘的职业性质或局限于一种技能的掌握，因为瞬息万变是这个时代的特征，所以，职业教育必须使受教育者有很强的适应性。

（十一）产业性

职业教育兼具教育性、产业性的双重特性，其与市场经济的有机融合，主要是通过人才供需关系的平衡协调来实现的。职业教育的产业化运作是指，职业教育的运行机制和管理模式要面向市场，进行投入与产出分析，并对其成本进行严格核算。职业院校要在国家的宏观调控下，按教育规律和市场规律办事，成为自主管理、自主办学的法人实体，逐步形成"原料采集（招生引资）—生产（教育教学）—销售及售后服务（推荐就业及业后培训）"一条龙自主运行机制。

第二节　职业教育的目的与任务

一、职业教育的目的

（一）职业教育目的的内涵

现代职业教育是适应现代科学技术和生产方式，系统地培养生产服务一线技术技能人才的一种教育类型。社会对职业教育的要求就是对人才规格和质量的要求，即职业教育的目的。

职业教育的目的是根据不同社会的政治、经济、文化、科学、技术发展的要求和受教育者身心发展的状况确定的，它反映一定社会对受教育者的要求，是职业教育工作的出发点和努力方向，是制订其教育规划、编制课程、开展教育活动、评价教育效果的价值尺度和根本依据，是进行教育教学改革及确定未来发展方向的基本指南。

一个国家的职业教育的目的，是这个国家教育总目的和教育方针在职业教育系统中的具体反映，也是各级各类职业技术院校确定培养目标的依据。

职业教育目的具有明显的时代性、适应性、前瞻性、相对稳定性和连续性。[①] 至今，关于职业教育的教育目的，虽还没有一个完整而公认的表述，但综观我国各个历史时期对职业教育目的的阐述，它应包含以

---

① 万卫，李文静. 黄炎培职业教育目的观的意涵、实践与当代价值［J］. 湖北成人教育学院学报，2024（3）：20—26.

下内容：

(1) 全面发展。不同时期、不同层次、不同专业的职业教育目的，无不要求接受职业教育的对象能够全面发展。

(2) 人才类型是技能型和技术型。

(3) 人才层次是初、中、高级专门人才。目前，职业教育呈现层次高移的趋势，人才层次主要以高级专门人才为主。

(4) 工作场合是基层部门、生产一线和工作现场。

(5) 工作内涵是将成熟的技术与管理规范变为现实的生产和服务。

(二) 职业教育目的的结构体系

职业教育的目的是指国家总的职业教育目的，即国家对职业教育应培养什么样的人的总要求。各种类型职业技术院校，无论具体培养什么社会领域的人才，也无论培养哪个层次的人才，都必须使其培养的对象符合国家提出的教育总要求。我国现行的职业教育目的是培养一大批有一定科学文化基础和较强综合职业能力的，德、智、体、美、劳全面发展的，在生产、技术、服务、管理等一线工作的各级各类专门人才。

1. 教育目的

教育目的是国家对培养人的总要求，是对所有受教育者提出的具有高度概括性的总体性说明。不同类型教育的目的，在总教育目的的规范下，分别侧重为社会培养所需要的人。

2. 培养目标

培养目标是各级各类院校对培养人的要求，是教育目的的具体体现，是针对特定的对象提出的，是根据院校性质对培养人提出的特定要求。

3. 课程目标

课程目标是指导整个课程编制过程的最为关键的准则。要想确定课程目标，首先，要明确课程与教育目的、培养目标之间的衔接关系，以便确保这些要求在课程中得到体现；其次，要对学生的特点、社会的需求和学科发展等各方面进行研究。

4. 教学目标

教学目标是教育者在教育教学过程中完成某一阶段工作时，希望受教育者达到的要求或产生的变化结果。它是课程教学目标及教学过程中的教学目标，是指导、实施、评价教学的基本依据。教学目标是课程目标的进一步具体化。

在职业教育目的的层次结构内部和上下层之间抽象与具体的关系方面，上层教育目的必须落实到一系列下层目标的行动上，而每一项教育行动又是构成上层教育目的必不可少的一部分。教育、教学目标循序渐进地积累，不断向培养目标和教育目的靠近，最后达到教育目的的要求。需要指出的是，"目标"与"目的"有习惯上的区别，相对而言，目标比目的更精确、更具体。教育目的对教育实践具有方向性的引导作用，适用于一个较长的时期；而教育目标与教学目标则为师生实现教育目的提供工具、启示方法和指导步骤，它往往是为一定的学校、专业、课程和个人设定的，容易在短期内实现。目标可以检测，而目的不能检测，但在教学中必须领会目的。

二、职业教育的任务

职业教育的任务是职业院校为达到教育目的和学习培养目标而设计的教育教学活动，是教育目的的具体化，上承教育目的、下启教学内容，对教育教学方法、组织管理都有直接的影响。

（一）坚持育人为本，德育为先，把立德树人作为根本任务

职业教育坚持立德树人，就是要全面贯彻党的教育方针，遵循职业教育规律和技术技能型人才的成长规律，培养德、智、体、美、劳全面发展的社会主义建设者和接班人。立德树人，重在全面发展，同时使技术技能人才重点具备这三个方面的素质：一是体现社会主义核心价值观要求的思想道德素质；二是以支撑职业生涯发展为重点的知识技能素质；三是以提升生活品质和审美情趣为重点的人文素养。

（二）使学生掌握一定的职业基础知识和运用这些知识解决实际问题的技能、技巧

首先，使学生掌握在某一职业领域具有相对稳定和广泛适应的职业基础知识，如有关某职业领域的基本事实、基本概念、基本原理、一般规律、劳动常识、科学的工作方法等，这是职业教育中教学的基本任务。其次，开展职业能力教育，包括技能和技巧两个方面：技能是指与学习相关的基础知识所必需的，按一定规则与程序完成操作的能力；技巧则是熟练化、自动化的技能。知识是内在的、静态化的东西，而技能、技巧是运用知识完成一定任务的能力。技能、技巧不仅表现在动作方面，还表现在心智方面，如智慧技能（读、写、算的技能）、感觉技能（听觉、触觉、嗅觉、视觉等技能）等。

（三）提高学生的职业能力，发展其智力、体力

职业能力是一种综合实践能力，是职业活动的核心。提高学生的职业能力是职业教育教学的主要任务，这是由教育培养目标和其教学目的所决定的。一个受过职业教育和培训的人，应该具备适应岗位工作的能力，能够独立工作并具有进一步提高工作效率的能力，同时，要具备与职业相关的知识和态度、实践经验、动手能力、自学能力和自我评价能力。

职业教育中的教学，一方面，追求"职业适应能力"这一基本目标；另一方面，旨在开发学生潜在职业能力和一般能力，其中"智力"和"体力"是发展职业能力的两大支柱。发展学生的智力必须合理地吸收、消化、提炼前人的知识和经验，同时，要点燃学生的创造激情，培养其良好的思想和心理品质。身体健康是人一切发展的基础，没有健康有力的体能就难以胜任职业岗位的需要。全面发展学生的身体素质和运动能力，提高其身体适应外界变化和抵御疾病的能力，增强学生自我保健的意识与能力，帮助学生养成良好的卫生习惯和锻炼身体的习惯，是职业教育教学中不能轻视的重要任务。

（四）加强对学生的职业道德和劳动审美教育，促进学生全面和谐发展

社会公德、家庭美德、职业道德和个人良好的修养构成了道德教育的基本要素。在职业教育中，教师应突出和加强对学生职业道德的教育，使其树立行业平等意识和通过从事一定职业为社会服务的职业观念。良好的职业素质是在长期的培养和实践中形成的。教师要培养学生敬业、乐业的精神和讲究效率、效益、精益求精、团结协作的精神，使他们具有丰富的美感、乐观的态度、顽强的意志、坚韧的性格，养成惜时、守时、诚实、自尊、自爱、自强、自信、平等待人等优良品质和认真、严谨、踏实、谦虚、进取的良好作风；教师要培养学生养成正确的职业态度、顽强的职业意志、积极的职业情感、高尚的职业志趣和强烈的职业责任感，以及质量至上、遵纪守法、爱护环境、科学管理、优化服务等自觉意识和行为习惯。培养学生正确的职业审美观是职业教育的一项不可或缺的任务。教师要通过直接教学和渗透性教学等方式，提高学生的职业思想修养、科学素质修养和职业艺术修养，从而为其形成正确的职业观打下牢固的基础。

第三节　职业教育的地位与功能

一、职业教育的地位

（一）职业教育地位的内涵

职业教育地位的内涵主要有以下四层意思：

(1) 职业教育在人们心目中的位置。

(2) 职业教育在地域内经济建设和社会发展中应处的位置。职业教育是一种在经济建设和社会发展过程中起重要推动作用的社会活动。各国关于职业教育地位的阐述一般也是指职业教育在经济建设和社会发展中应处的位置。

(3) 职业教育作为一种教育类型，它在整个教育体系中所处的位置。职业教育在教育体系中到底应处于什么位置？与其他类型的教育是什么关系？职业教育是不是某些人所认为的一种地位"低下"的从属于其他教育类型的教育？对于这些问题的认识既影响职业教育本身的发展，也影响整个教育事业的发展。

(4) 职业教育在人的发展中所处的位置。从根本上讲，职业教育是培养人的，它在经济建设和社会发展中的作用也是通过培养人来实现的。

(二) 职业教育的地位

职业教育是国民教育体系和人力资源开发的重要组成部分，是广大青年打开通往成才大门的重要途径，它肩负着培养多样化人才、传承技术技能、促进就业与创业的重要职责。

首先，职业教育是促进人个性发展，使人直接适应经济社会发展和个人生存需要的主要中介。职业教育的中介地位，是指职业教育在人的发展中的特殊位置。职业教育促进人的个性发展，不是普遍性的或者是特殊性的，而是直接对应于社会需要和个人生存需要的。

其次，职业教育是在基础教育之上的与普通（专业）教育相对应的一种教育类型，是继续教育、终身教育的主要内容。第一，职业教育是在基础教育之上的教育；第二，职业教育是相对于普通教育的分类，按社会职业、经济社会发展的岗位分类培养学生；第三，在社会需求和人的发展总体规划中，职业教育更具有终身性和广泛性。因此，职业教育在整体教育中具有十分重要的地位。

再次，作为与经济社会联系最为紧密的教育，职业教育在经济社会发展中具有重要地位。相较于普通教育，职业教育与经济社会的联系更为紧密。这是因为：①职业教育直接为经济社会培养生产、服务、技术和管理第一线的应用型人才；②经济社会对职业教育有着大量需求；③职业教育具有转化现实生产力的功能，是将先进的科技、设备和人力资源转化为现实生产力的直接桥梁。

最后，作为一种决定人的职业并与人相伴终身的教育，职业教育在个人的发展中处于重要地位。马克思指出，大工业的本身决定了劳动力的变换、职能的变动和工人的全面流动。随着生产力的发展和社会的进步，人的职业、岗位、技能会经常变动或更新，这既是客观环境变化的必然，也是人的个性发展的需要。这就需要人们经常不断地从事这样或那样的职业，并接受职业技术教育或培训。

二、职业教育的功能

(一) 职业教育的经济功能

职业教育是现代经济和社会发展的必要条件，是生产工业化、信息化、产业化和现代化的重要支柱，在经济社会发展中起着重要的战略性、基础性和先导性作用。[①]

1. 职业教育为经济发展创造了必要的基础条件

职业教育的规模与水平影响着产品质量、经济效益和发展速度。职业教育为经济与科技相结合提供了桥梁和纽带。

2. 职业教育具有直接将人由潜在劳动力转变为现实劳动力的功能

职业教育是教育与经济的结合点，是增加物质生产过程中智力因素的重要手段，是培养受教育者直接从事某种职业的一种专门化教育，在开发和提高人的劳动能力方面以直接、快捷、效果明显著称。

职业教育直接将人由潜在劳动力转变为现实劳动力，是通过对劳动者进行职业能力和职业素质的培养来实现的。一方面，职业教育帮助学生掌握必要的文化基础知识、专业理论知识、实践技能及职业道德等职业能力和职业素质，将学生以其特有的方式从"学校人"向"社会人""岗位人"转化，为其就业做好充分的准备；另一方面，随着科学技术的发展和知识经济的兴起，新知识、新技术大量涌现并不断产生新的职业，即使是某些已有的职业，也在不断地引入新技术。职业教育对已经

[①] 曾阳. 城乡融合发展背景下职业教育制度建设研究[M]. 广州：中山大学出版社，2022.

走上工作、生产岗位或需要转换岗位的人员，以及正在谋求就业的人员进行履行岗位职责所必需的文化知识、专业技术和实际能力教育与培训，使受教育者以职业技术培训的方式从"社会人"向"新岗位人"转化，使其具有综合运用专业知识解决具体问题的能力，具有解决现场突发性问题的应变能力和一定的操作能力，以及将职业道德等技能转变为现实劳动力的能力。

3. 职业教育是提高劳动力配置效益的重要方法

职业教育，尤其是适当的职业指导，能将不同能力倾向、兴趣爱好的人导向相应的职业岗位，使他们的个性特征与社会需要相结合，充分发挥人的潜能，从而提高劳动力的配置效益，促进经济的发展。职业教育通过专业结构、层次结构的调整和继续教育，促进劳动力合理流动，促进社会经济发展。在经济发展缓慢期，社会对劳动力的需求缩减，通过职业教育对劳动力的培训，可以暂时将劳动力储存起来，减轻劳动力过剩对经济发展的压力，调节劳动力与经济发展之间的供求矛盾，为经济健康发展服务。

4. 职业教育是提高劳动生产率的重要措施

职业教育通过培养劳动者的专业素质、发展劳动者的智能、培养劳动者的思想品德、传授劳动者生产技术来提高其劳动生产率，进而促进生产由简单劳动密集型向复杂劳动密集型（即技术密集型）转变，实现职业教育对经济的促进作用。职业教育依据人的身心发展规律，传授受教育者系统的技术知识和科学的生产技能，循序渐进地开发受教育者在职业方面的潜力，使其获得从事职业所必需的知识、技能和自我学习的能力，促进个体在职业岗位上提高劳动生产率。职业教育通过提高劳动者的技术水平，发展其智能，使劳动者提高运用新技术、新工艺、新设备的能力，并能使劳动力有更多的技术革新和生产创新。职业教育通过培养劳动者的安全意识和设备保养与维修的能力来减少生产事故，降低生产工具和设备的损坏率。职业教育通过培养其职业道德、专业思想，影响劳动者的劳动态度，从而间接影响劳动生产率。

5. 职业教育是提高经济管理水平的重要因素

经济组织能否进行现代化的管理及其管理有效程度的高低，与劳动力素质的高低有关。职业教育通过塑造劳动者的现代人格，实现劳动力的现代化，从而使劳动者能认同组织文化，能与现代管理要求相一致，并积极配合管理的施行，进而提高现代管理的效能。

6. 职业教育具有将科学技术直接转化为推动经济发展动力的功能

职业教育具有把科学技术转化为直接生产力的作用。它通过对科学技术知识的传授，使受教育者掌握现代科学技术成果，以科学技术知识的利用和推广的方式，将科学技术转化为直接的生产力，从而保证科学技术再生产的顺利进行，进而推动经济发展。

7. 职业教育具有转化现实生产力的功能

职业教育是先进的科技、设备和人力资源转化为现实生产力的直接桥梁，可以促进社会经济增长方式的转变和社会的可持续发展。社会主义现代化建设不但需要科学技术专家，而且迫切需要众多受过良好职业教育的中初级技术人员、管理人员、技工和其他受过良好职业培训的城乡劳动者。没有这样一支劳动技术大军，先进的科学技术和先进的设备就不能成为现实的社会生产力。

职业教育是促进经济社会发展的直接的、基础性的要素。经济社会发展的根本是生产力的提高，而掌握科学技术、运用劳动手段、作用于劳动对象的生产者是生产力的核心要素，并且实践型人才和直接生产者的培养基础在于职业教育。所以，职业教育是工业化和生产社会化、现代化的重要支柱。当前，世界经济社会发展的新变化，以及资源、能源、环境、人口等方面的制约，都要求我们把经济增长方式转移到依靠科技进步和提高劳动者素质上来。这就要靠职业教育把我国的人口压力转化为人力资源，促进科学技术向生产力的有效转化。

8. 职业教育是走新型工业化道路的纽带和桥梁，是中国制造向中国创造迈进的有力支撑

新型工业化道路主要是指科技含量高、经济效益好、资源消耗低、

环境污染少、人力资源得到充分发挥的工业化道路。它的发展离不开足够数量的技术技能人才、高素质的劳动者。只有大力发展职业教育,才能提高社会劳动生产技术的整体水平,提高社会劳动力的整体技能素质。

若想实现"中国制造"走向"优质制造""精品制造",实现价值链与产业链的升级,核心需求是人才,是数以亿计的高素质劳动者和技能型中高端人才,而实现这一需求的关键在于职业教育。职业教育必须全面对接现代产业体系建设,即专业设置与产业需求对接、课程内容与职业标准对接、教学过程与生产过程对接、毕业证书与职业资格证书对接、职业教育与终身学习对接。根据国家产业优化升级的部署,职业教育需要调整专业结构,加强课程体系建设,与时俱进、不断拓展,培养大批中高端技能型人才,为实体经济与现代产业、新兴产业的发展提供重要支撑。

9. 职业教育对区域经济社会发展的促进作用

区域经济社会的发展取决于该区域拥有的物质资源、自然资源和人力资源,但根本上取决于该区域人力资源的质量,即劳动者的综合素质。高素质的劳动力资源和合理的人力资源结构是经济社会发展的决定性因素。职业教育作为人力资源开发的重要渠道,是培养现实且直接的生产力、解决就业难问题、提高经济增长率、改变经济增长方式的有效途径,是劳动人口转化为现实生产力的最佳途径。另外,职业教育在促进区域经济繁荣和改善贫困人口福利方面起着重要的作用。因此,职业教育发展的规模、质量和结构将直接影响区域经济社会发展的总体水平。具体说来,职业教育在促进区域经济社会发展方面主要有以下三点功能:一是促进区域较快地改造传统农业,提高农业劳动生产率,促进农村劳动力的转移,消除二元经济特征。二是促进区域产业结构调整升级。职业教育对于培养短缺的技术技能型人才、促进产业结构的调整和升级具有显著的作用。三是提高区域吸引外资的能力。职业教育在丰富人们的知识、提高人们的技能的同时,还能够调动人们的积极性和主动性，培养和激发人们的道德精神，使其从事健康的、有益的活动，改善企业投资所需的经济、文化等环境，为企业投资创造一个自由、宽松和合理的空间。

(二) 职业教育的社会功能

1. 职业教育是人力资本形成的重要途径

(1) 职业教育能将人口资源转化为人力资源

职业教育必将为人口资本的转化和人力资源的开发发挥巨大的作用。只有将人力资源作为第一资源，大力发展教育，开发人力资源，才能将人口资源优势转变为人力资源优势，把潜在的优势转化为现实的优势。

(2) 职业教育是提高人力资源质量的最佳途径

大力发展职业教育和职业培训能够促进劳动者对技能的掌握，进而提高人力资源的质量。首先，职业教育通过培养人的职业道德、职业行业规范、敬业精神等来提高人力资源的质量。其次，职业教育可提高人力资源的职业素质。职业教育作为就业准备教育，其重点是培养人的专业技能和各种职业能力，因而在提高人的职业素质方面具有其他教育形式所不具备的独特优势。最后，职业教育规模的扩大可以提高整个劳动群体的素质。职业教育和职业培训具有针对性强、教育周期短和收效快的特点。具体体现在教育效益比较直接，接受教育与培训的个人都能很快地把自己学到的技术和技能运用到生产实际或经济建设的实际中去，并发挥所学知识与技能的作用。

(3) 职业教育是促进人力资源合理配置和有效使用的有效手段

职业教育是在经济发展计划中实现劳动力资源平衡的一个杠杆。国家通过对各类职业教育发展的速度、规模进行有计划的调控，提高群众的就业能力，提供就业指导、职业介绍，影响群众就业方向和储备人才资源，实现劳动力资源平衡。职业教育具有社会福利功能，即通过职业教育提高处于不利地位的社会群体的就业能力，增加他们的就业机会，这有利于相关社会问题的解决。可见，职业教育肩负着开发、调节、储备社会劳动力资源，促进经济发展、社会安定的重大使命。

2. 职业教育具有为促进就业与再就业提供服务和保证的功能，是解决就业问题的重要手段

就业是民生之本，也是长期困扰我国经济社会发展的突出问题，其直接关系到广大民众的根本利益。职业教育是解决我国就业问题的重要手段之一，虽然从辩证的角度来看，就业和再就业制约着职业教育的发展，但反过来，职业教育具有为就业与再就业提供服务和保证的作用。首先，要尽力发挥职业教育以就业为主的作用，突出职业教育的特色和优势，形成集学历型和非学历型、职前与职后培训于一体的职业教育机制，使受教育者有机会并有能力适应现有工作岗位及随时变化的工作岗位需要；其次，职业教育具有实施就业课程开发、职业资格的预测和指导咨询的作用，即职业教育必须围绕就业状况及再就业发展变化趋势进行课程和培训计划的开发与制订，并进行科学预测，为受教育者提供有使用价值的职业指导与咨询，实施教学与培训行为，促进各阶层人才更好地就业、再就业和自主创业。

3. 职业教育是推进农村现代化进程的重要动力

在我国，农业、农村与农民问题是关系改革开放和现代化建设全局的重大问题，而农村现代化建设是我国现代化建设的关键。推进农村现代化建设首先必须加快农业生产的现代化。要想加快农业机械化和现代化速度，就必须让广大农民掌握从事机械化生产的技能。因此，必须大力发展农村职业教育。农村职业教育或农业职业教育如何为发展农业、改造农村、富裕农民提供有效的智力和技术支持，一直是政府倡导、社会关注、教育界参与的重要问题，也是我国职业教育与成人教育的重点和难点。

4. 职业教育是构建终身教育体系和学习型社会的重要支柱

社会发展无止境，科学技术和生产力的创新同样无止境。终身教育、终身学习和学习型社会是21世纪国际社会与教育领域影响力最大的现代教育思潮。职业教育和培训，既是与经济和市场直接联系的，培养应用型、技能型人才的就业教育，又是面向不同层次学生和全体社会人员的全民教育，是终身教育体系和学习型社会的重要支柱。因此，职业教育能为构建终身教育体系和形成学习化社会奠定基础，即在构建终身教育体系和形成学习型社会中，职业教育发挥着不可替代和不可或缺的作用。

5. 职业教育能提高人民生活水平

职业教育能提高人们的物质生活水平与精神文化生活水平。用于职业教育的投资可以带来巨大的、长期的社会效益与经济效益，从而不断地增加物质财富，提高人们的物质生活水平。同时，职业教育体系渐趋完善，中职与高职教育实现衔接，使中职学生能够实现获取高层次学历的愿望，从而吸引更多学生进入职业院校学习，进而促进文化教育的消费，起到推动经济发展的作用。

(三) 职业教育的文化功能

职业教育不仅是在一定的政治、经济条件下进行的，同时，也处于一定的文化背景之中。一定的文化背景与职业教育之间必然产生一定的联系，主要表现在：在职业教育的发展过程中，文化以其特有的约束力，以一种潜在的方式影响着职业教育；职业教育则通过选择、传播、整理等方式促进着文化的发展。

1. 职业教育具有保存、传递、更新、创造文化的功能

职业教育是随着人类社会生产和社会活动的发展而发展的，并与人类的政治伦理文化、科学技术文化、审美艺术文化、习俗文化等有着特殊的密切联系。职业技术院校进行的职业道德、职业纪律、职业责任和敬业精神教育，都弘扬着具有鲜明时代特色的政治伦理文化；工业、农业等专业的职业技术传授，都继承和发展着科学技术文化；工艺美术、建筑等专业的教学活动，传递着审美艺术文化；服装、饮食、旅游服务等专业，继承和发展了具有民族特色的习俗文化。职业院校在教育教学活动中，通过选择、整理，去粗取精，使不同类型的文化更具民族性、地方性、时代性、科学性，使下一代成为以掌握某类文化为职业的专门

人才。人类文化可以通过职业教育媒介向社会传播、普及，进行广泛的社会交流，进而推进建立与现代经济结构、政治制度相适应的文化形态和文化结构。

2. 职业教育具有吸引和借鉴世界先进文化的功能

近年来，随着我国改革开放的深入，职业教育开展了多方面的国际交流和协作活动，丰富了文化传递的内容，有力地推动了我国社会主义文化的发展。就职业教育本身来说，近年来，我国借鉴职业教育发达国家的经验和做法，并结合我国现状进行了创造性的研究与实践。

3. 职业教育具有促进企业文化发展的功能

现代职业教育与企业有着天然的联系，这种联系表现在文化上，主要包括以下四点：一是聚合企业文化。职业教育反映一定历史时期企业文化的精髓，用现实生产力与生产关系的内核决定教育的方向和内容；复制企业的优秀文化，然后进行优化、强化，进而渗透在教育中。二是选择企业文化。企业文化有地域之分、绩效之分，甚至优劣之分，定向服务的职业教育必须根据人才培养的规律及自身面临的社会政治、经济、文化背景和易于与校园文化相融合的角度来选择最合适的企业文化，这才是有效的。三是传递、传播企业文化。企业文化都有一个形成和发展的过程，在时间上，职业教育通过传递使之延续；在空间上，职业教育通过传播使之流动，从而让足够多的人接受企业文化，发扬和发展企业文化。四是创新企业文化。职业教育把现有的企业文化不断转化为学习者的知识、能力、行为规范后，又创造性地反作用于客观的企业文化，赋予企业文化以新的内容和特质，同时，在这一过程中，不同产业、不同行业、不同企业，甚至不同国度的文化通过职业教育相互交融，彼此促进。

第四节　职业教育的培养目标

职业教育的培养目标，就是通过职业教育把受教育者培养成为什么样的人。培养目标规定了对受教育者培养的方向、规格与内涵，它是职业教育实践活动的出发点，也是检验职业教育实践活动是否富有成效的标准。

一、确定职业教育培养目标的依据

职业教育培养目标在形式上是某一类型院校的办学性质与教学任务的集中体现。因此，在确定职业教育培养目标的过程中，必须认真分析、研究把握，从而确定职业教育培养目标的依据。

（一）党和国家的法律与政策

法律和政策是影响职业教育培养目标的根本因素。职业教育的政策和法规主要是为了实现职业教育目的而制定的，其内容包括指导思想、人才的培养规格，以及实现培养目标的基本途径等。

（二）社会经济形态及产业结构发展的需要

社会经济形态及产业结构是确定职业教育培养目标的客观依据。[①]职业教育虽受制于一定的经济发展水平，但它也在促进着社会经济的发展：首先，社会经济形态的拓展要求职业教育注重培养学生的创业能力和竞争意识；其次，社会产业结构的调整要求各级各类职业教育的人才培养目标与人才需求相适应；最后，经济全球化的发展趋势需要各级各类职业院校培养大量"本土化""外向型"的中、高级技术应用型人才。

（三）学制、学历及国家职业分类与职业技术等级标准

培养目标的制定，不但要对应相关学制、学历，以及国家职业分类与职业技术等级标准，而且应有一定的前瞻性，这样才能使职业教育起到引领新知识、新技术、新工艺、新设备的作用。学制与学历要求是培养目标的具体表现。国家职业分类和职业技术等级标准是确定职业教育培养目标内涵的最重要的依据。

[①] 黄锋，李国军. 职业教育培训的方法与模式研究［M］. 长春：北方妇女儿童出版社，2022.

(四) 受教育者个体发展的需要

受教育者个体发展的需要，是职业教育确定其人才培养目标的内在依据。职业教育既是面向社会整体的，也是面向每一个受教育者个体的，其培养目标的制定必须考虑如何满足受教育者个体发展的需要。这些需要包括受教育者个体终身学习的需要、受教育者个体就业与创业的需要、受教育者个体可持续发展的需要。

二、职业教育培养目标的定位

职业教育培养目标的定位，就是对职业教育培养的人才规格进行界定和规范。现代职业教育正在走向社会，面向市场，它的定位已从原来封闭式向开放式发展，整个培养目标定位系统也逐渐从静态转向动态。

各级各类职业教育在定位自身培养目标的时候，除了参照区域社会经济发展等要求外，还需要对社会人才结构的模型和理论进行认真分析，并从原来的感性思考向科学化的理性决定逐步发展。职业教育培养目标的定位主要建立在社会人才结构及职业分析等相关理论基础之上。职业教育机构根据人才结构模型，结合自身的教育资源优势，考虑自己的人才培养目标的定位，并对受教育者的终身学习及可持续发展设计可能的通道。职业分析可以克服职业教育的模糊性和随意性，为培养目标及整个教学设计提供准确的依据。

三、职业教育培养目标的基本内涵

职业教育培养目标的基本内涵就是培养目标构成的具体内容，即职业教育培养目标达成后受教育者所应达到的规格和质量。其基本内涵主要涵盖知、技、意三个方面：知，即知识，指对受教育者的知识素质要求，包括受教育者文化基础知识、现代科技知识、专业基础知识及专业知识等；技，即技能，指对受教育者专业技术能力素质方面的要求，包括受教育者所学专业的技术能力、工作能力、社会能力及创新能力等，这是人才培养规格的核心；意，指受教育者的态度和情感，即对培养人才心理素质方面的要求。这三个方面构成了培养目标的整体,各层次、各类型的职业教育培养目标,正是通过这三个方面的不同要求体现出来的。职业教育培养目标的基本内涵主要体现在以下层面:

(一) 职业知识素质

职业知识素质主要包括个体的职业基础、职业资格、职业适应和职业发展等。职业知识素质是职业教育培养目标构成的核心层次,其核心部分为职业资格,因为这是以国家强制力为后盾的一种职业标准,体现的是国家的意志。

职业资格由"应知""应会"两部分组成:"应知"是指从事某种职业必须掌握的专业知识;"应会"则是在"应知"的基础上必须掌握的操作技能。通过教学,学生通过了相应等级的资格考试,即可获得相应的资格等级证书。但是,这种职业资格标准往往有一定的局限:第一,标准的制定和更新有时间周期,这就容易滞后于新技术、新工艺的出现与发展;第二,作为标准,既原则又抽象,高度概括却不能涵盖某一职业必备素质的各个方面;第三,标准的执行受制于考核的指导思想、程序方法及具体内容,其信度、效度与标准执行应有的信度、效度存在一定的差距。

因此,如果职业教育仅围绕职业资格来进行,显然就会演变成为一种新的应试教育。所以,职业资格教育应有自己的平台和发展空间:平台是职业基础,就是获取职业资格应当具备的专业基础理论;发展空间是职业适应和职业发展,就是职业资格对一定的职业活动的适应能力、岗位职业活动的自我提高能力和不同职业岗位之间的转换能力。

(二) 职业能力素质

职业能力素质主要包括个体的认知能力、操作技能、技术分析和学习潜力。职业能力素质既是个体职业发展的平台,又是职业素质的综合表现。其中,操作技能是这个层次的核心。操作技能,是指将认知所得成熟的工艺技术转变为实际职业活动并获得预期工作结果的能力。操作技能分动作技能和心智技能两种:以肢体活动技术为主的技能主要是动作技能,如厨师、钳工等所需的操作技能;以推理判断技术为主的技能是心智技能,如营销员、会计等所需的操作技能。所以,操作技能实际上是与职业资格密切相关的特殊能力。认知能力是一般能力,是学习与发展的基础。认知能力强,不但操作技能较易习得,而且操作技能中蕴含的技术成分也会较多,职业活动就会呈现较高的技术分析水平,从而使个体继续学习的潜力增大,职业发展的空间也随之被拓展。很多专业是需要受教育者具有较强的体能素质的,因此,受教育者个体必须结合相关专业所面向的职业岗位(群)对从业者体能方面的实际要求有选择地进行锻炼。

(三) 职业心理素质

职业心理素质是指个体顺利完成其所从事的特定职业所必须具备的心理品质。职业心理素质具体包括以下五个方面的内容:

1. 职业动机

职业动机主要是指个体从事职业的内在动力与兴趣。人们往往选择满足自己需要和感兴趣的职业,以实现职业岗位与自己职业需求的匹配。但由于受社会就业供求情况等因素的制约,职业需要有时也会与职业实践产生一定的冲突,进而影响人的职业心理。因此,职业教育应培养学生对专业的兴趣与热爱,并使之内化为从事该职业的动力。

2. 职业效能感

职业效能感主要是指个体对自己能否适应某种职业的自我评价,包括学习专业理论与实践进程中的感受、经验,以及对以后学习过程中可能遇到困难的估计和迎接挑战的信心。要使学生对所从事的职业抱有积极的态度和正确的价值观,并认识到自己将来所从事职业的社会意义,正确对待可能遇到的困难、挫折,就需要在平时的教学过程中培养其耐挫折的能力,使其做到能较好地克服心理障碍及各种可能的干扰,锐意进取,勇于开拓。

3. 职业价值观

个体价值观在职业选择上的体现是个人希望从事某种职业的态度倾向，也是个人对某种职业的愿望。每个人在进行职业选择时，都会对自己将要从事职业的价值进行判断，对可能取得的成就和社会回报的满意程度进行估计。在职业心理素质教育与培养过程中，要注意引导学生对将要从事的职业有恰当的评价，正确看待职业的社会地位、职业的待遇、职业的苦与乐。

4. 职业道德感

职业道德感主要是指个体对职业道德标准的认识和体验，是社会公德在行业生活中的具体化，包括职业的荣誉感、幸福感、义务感和责任感等。职业道德义务感和责任感是一个人职业道德倾向性的核心。职业院校的每个专业都是与具体的职业、工种相对应的，其职业道德规范不尽相同，但其实质都是调节职业生活中人与人之间的关系、判断是非与善恶。因此，职业教育在培养人才的过程中，应根据各行业、岗位的实际特点，进行有关行业相应的职业道德规范教育，使学生在将来的职业生涯中能自觉规范自己的行为，实现职业发展。

5. 职业理想与追求

职业理想与追求主要是指个体对将来所从事职业的前途与目标的追求和设计，即学生对前景的规划与展望。职业教育具有职业导向性，学生从入学那天起就初步确定了未来的职业。这样，职业理想就变得具体化和现实化了。职业理想是人们实现职业愿望的精神支柱和力量源泉，也是人前进的动力。人们往往通过职业活动去追求社会理想的实现，并在职业活动中体现自己的道德理想，借助职业活动取得的报酬实现物质、精神生活水平的提高，从而实现自己的生活理想。因此，应要求学生较早地树立职业理想，培养责任心、进取心、自尊心、自信心，同时，也应拓宽专业的适应面，使学生成为复合型人才，增强他们对人才市场与劳动力市场需求变化的心理承受能力和应变能力。

第二章 高职教育的专业建设

深入研究高职教育的专业建设,对于明确人才培养目标、优化课程体系、加强师资队伍建设、完善实践教学环节等方面意义重大,有助于推动高职教育高质量发展。

第一节 高职教育专业建设的内涵

一、高职教育专业建设的含义

专业是一个非常好的高职院校改革的切入点和突破口,是高职院校的品牌和灵魂。一所学校只要能建设出一至两个优势专业,就能在未来有立足之地。高职教育专业建设则是专业内相关因素的组合:课程建设是专业建设的核心,师资队伍建设是专业建设的关键,实习实训基地建设是专业建设的保障。高职教育专业建设是一项包括教学团队、课程体系、实验实训条件、教学对象、教学管理等多个要素构成的系统工程,专业建设要素组合的逻辑顺序是否正确,直接影响专业建设的质量和效果。

专业建设不是一个空洞的口号,而是一种行动,是办学理念、办学定位落地的载体。无论何时何地,高职院校学术地位都是以与行业之间的依存关系为支撑的。专业建设是一项系统工程,是高职院校适应人才需求和引导人才消费的一个基本尺度,反映高职院校对社会经济发展、科技发展和职业岗位的适应程度。专业建设的好坏直接影响高职院校的招生、学生的培养及毕业生的就业与创业,事关高职院校的生存与发展。专业建设的基本内涵包括专业布局规划、专业设置、培养目标定位、培养模式革新，以及作为其后续工作的一系列评估（包括自评和他评）、验收等多方面内容。

二、高职教育专业建设的意义

高职教育的人才培养需要在经济发展和个性需求之间进行准确的定位，明确人才培养的规格，而高职教育的专业建设是连接社会和个性需求及教育供给的纽带，是职业教育顺应外部框架环境和教育内部运行机制、迅速做出反应并进行调整的切入点，高职教育专业建设的好坏决定着高职院校发展的命运，对高职教育发展具有重要的意义。专业建设之于高职院校的重要性主要表现在以下三个方面：

（一）加强专业建设是高职院校发展的核心工作

专业建设关系到人才培养的规划和目标，关系到教育资源的配置和整合，关系到教育的质量和效益，关系到学术的繁荣和发展，也关系到职业教育与社会发展的协调与和谐。[1]

专业建设是教学改革的切入点。专业是学校人才培养工作具体实施的载体，学生的专业知识和能力的构建是通过专业的学习来完成的，因此，涉及专业建设的课程标准、师资队伍、教学模式等主要内容的质量，势必影响到人才培养的质量。目前，各高职院校的人才培养工作基本能实现对学生知识的传授和能力、素质的培养，但在培养和教育方面还存在一些问题，如专业理论知识的学习是否符合专业实际的要求；在教学模式上，如何更符合职业人才培养的规律；在能力培养方面，专业技能培养和创新能力培养如何结合起来。这些问题只有通过专业内涵建设才能解决。专业门类设置直接关系到院校的生存与发展，专业结构调整影响院校的前途和命运。明晰目标思路，统一思想认识，根据高职类型、岗位特点、服务目标、学科基础建设科学的专业体系，加快专业内

---

[1] 罗玮琦. 新时期职业教育与校企合作中法律制度建设研究［M］. 长春：吉林人民出版社，2019.

涵发展等是高职院校工作的中心。

（二）专业建设是高职院校办学特色的集中体现

众所周知，一所学校有名气，是与它的特色和优势相关的，这些特色和优势的形成是与学校的办学历史、文化积淀、科研成果及为社会输送的优秀人才密不可分的。专业建设的成就不仅关系到专业人才培养目标的实现，还会对学校的办学特色产生重大影响。目前，高职院校大多有自己的主要服务方向，与行业、企业或区域经济有着较多的联系，办学特色正在逐渐形成。因此，高职院校加强专业建设，巩固现有成果，深化专业改革，既可以提高人才培养的质量、增强专业特色，也会为学校的办学特色增添新的亮点。

（三）加强专业建设是实现"就业导向"的保证

高职教育的专业是院校与社会行业、职业、岗位群衔接的载体，只有不断加强专业建设，才能保证高职教育与生活发展同步。专业是高职院校满足社会人才需求和引导社会人才消费的一个基本尺度，同时反映高职院校对社会经济发展、科技进步和职业岗位的适应程度。高职院校专业发展与社会需求有效对接是保证毕业生顺利就业的必要条件。高职院校只有依据经济生活发展需求来设置专业类别、优化专业结构、组织专业设施，才能保证学生所学与社会岗位需求密切联系，以便在毕业后更好地就业；同时，高就业率又能使专业更具吸引力，保证充足的生源，从而做到"进口旺，出口畅"。

（四）加强专业建设是人才培养质量的保证

专业建设涉及专业课程体系、人才培养模式、教师队伍、实验实训条件等内容，这些因素都直接关系到学生的培养质量。目前，高职院校专业课程体系还须按职业教育的特点与规律进一步改革和深化，人才培养模式和教学模式要按照工学结合的要求不断创新，教师队伍要按照专兼结合的教学团队来构建，实验实训条件要突出生产性建设。

专业品牌是一所高职院校综合实力的象征、整体水平的体现和理想价值的追求。打造品牌专业是高职院校履行社会责任、办人民满意教育、培养经济社会发展需要的高素质、高技能型人才的重要途径。普通高校以一流学科来体现一流的水平，高职院校则以一流专业来赢得一流的地位。专业建设是高职院校发展的命脉，调整专业结构、丰富专业内涵是教育教学改革的切入点，也是在激烈的办学竞争中自我发展、自我完善、自我提高的增长点。

教育与经济之间的"服务"与"依存"关系的建立，最集中、最突出地体现在专业建设方面。这主要表现在以下三个方面：

1. 专业建设影响劳动力结构

劳动力结构是指一个国家或一个地区各个行业或各个层次劳动者的比重及其构成状况。在普遍实施"劳动预备制度"和"先培训，后就业"的劳动就业政策的当今社会，对劳动力结构能起根本影响作用的当首推职业教育。职业教育只有通过合理地调整和设置专业，并进行合理的人才培养，才能向社会输送所需要的经过专门培养和专业训练的技术劳动者。

2. 专业建设影响产业结构

专业的设置是以产业的发展与升级及产业结构的调整为前提的，反过来又对产业的发展与升级，以及产业结构的调整产生极大的推动作用。职业教育的专业如果符合本地区产业发展的需要，培养的人才"适销对路"，就业率高，就能推动本地区的经济发展；反之，则会阻碍当地的产业发展。

3. 专业建设影响技术结构

只有提高职业教育专业设置水平，培养大批与地区技术水平相适应的人才，才能推动技术进步，使人才技术结构不断地优化。

第二节 高职教育专业建设的影响因素与原则

一、高职教育专业建设的影响因素

从本质上讲，高职院校专业建设的过程是调整学校功能与社会需求之间互动关系的过程，专业建设的过程必然受到多种因素的制约，在社会主义市场经济条件下，要通过专业建设来优化职业院校的发展空间，就必须关注专业建设的影响因素。因此，高职院校专业建设的影响因素可以划分为外部因素和内部因素。

（一）外部因素

1. 政策规划因素

国家和地区在一个时期的社会经济发展规划，决定了该国家和地区经济发展的方向、改革的主题、建设的重点等一系列战略目标、任务及政策措施，这对职业教育及其专业建设具有指导性意义。社会经济发展规划和政策因素对学校的专业建设，以及规划与调整专业结构所产生的影响具有方向性、全局性、基础性和长期性的特征。

2. 科技进步导向因素

人类社会从古至今，社会生产中的科技含量呈加速增长的趋势，科学技术经历了由低水平的综合到学科分化、技术专门化，再到高水平的综合阶段的发展过程。现代社会已经进入高科技时代，职业分工对高职教育提出了培养复合型的操作、运行和维修人才的要求，且随着多能工、复合工的出现，职业教育的专业也出现了归并趋势。[①]

3. 劳动组织优化因素

社会劳动组织管理已经从手工业时代的家庭作坊式生产与家长式管理发展到高科技时代的柔性加工单位、小组工作和扁平网络化管理，劳动组织的变化对专业划分和专业设置产生了直接影响，这必然要求职业教育专业的内涵也做出相应的扩展和更新。

4. 社会发展平衡因素

如果一个国家、一个地区的经济与社会的发展比较平衡，那么社会对所需人才的要求也就比较一致，职业种类也较集中划一，反映在职业教育的专业建设方面，也就较容易操作，较规范、统一；反之，经济与社会发展的梯度往往增加专业划分的难度，进而导致专业建设在职业结

---

① 王建. 职业教育促进产城人融合发展［M］. 上海：同济大学出版社，2018.

构上的梯度性。

(二) 内部因素

1. 学生心理因素

作为教育的主体对象,学生有权对专业建设提出要求。学生个人的爱好、愿望决定其对专业和课程的选择,又间接实现了对专业设置的干预。

2. 教育资源因素

教学场地和设备齐全,教育经费充足,教育技术先进,有利于重点专业的确定,也有利于教育资源专门化的实现,计算机辅助教学、多媒体教育软件,以及相应的个性化教学手段、计算机教学管理系统的广泛应用,都将对专业建设产生深远影响。

3. 终身教育因素

传统的专业划分和设置产生于比较刚性的教育体系。随着终身教育体系的逐渐形成,职业教育不再是一种终结性的教育。一个与高等教育相衔接、与普通教育相沟通、教学过程与劳动过程相结合、建立在更高的普通教育水平上的职业教育,其专业划分与设置将有较大的变化,以此实现职前专业和职后专业的分工与衔接,显示了终身教育体系对专业建设的推动力。

二、高职教育专业建设的原则

专业是高职院校人才培养的载体,是高职院校与社会需求的结合点,是体现学校办学内涵、办学特色、人才培养工作水平的标志,也是高职院校师资队伍建设、软硬件设施建设和实习实训基地建设的基本依据。高职教育专业建设必须遵循一定的原则,研究者在这一问题上形成了比较一致的看法,经过归纳,高职教育专业建设需要遵循的原则主要有以下六点:

(一) 市场导向原则

高职院校的专业建设要以市场为依托,面向市场、融入市场、服务市场、拓展市场，将当地产业结构和社会人才需求的变化趋势作为确定专业体系主体框架的依据，以市场需求为导向，设置面向区域和地方经济发展需求的专业。高职院校设置的专业和在校生规模要与高技能人才市场需求对接，按照市场导向原则设置专业，当然要考虑生源供给问题，也就是要考虑学生和家长对学校及所学专业的需求。市场对高技能人才的需求与学生报考专业客观上存在不对称。高职院校如果不考虑学生完成学业后的从业需求，就会招不到学生，难以维持其生存，育人目标就会成为泡影。可见，职业及其发展趋势、高技能人才市场需求及生源供给现状与变化，是高职院校专业设置、专业调整及专业结构优化的基本考量。

（二）为地方经济服务原则

高职教育必须面向地区经济建设和社会发展，培养生产、服务、管理第一线需要的实用人才，真正办出特色。针对区域经济发展的要求，灵活地调整和设置专业，是高职教育的一个重要特色。要把高职教育根植于地方的沃土之中，就必须牢固树立为地方经济服务的思想，深入研究地方的产业结构、产业优势、经济特色、人才需求，据此设置和调整专业。高职院校只有贴近区域社会、贴近地方经济、贴近企业特别是骨干龙头企业与点多面广的中小型企业设置和调整专业，为其源源不断地输送高技能人才，以服务求支持，以贡献求发展，才具有持续的发展动力。

（三）前瞻性原则

高职教育专业建设的前瞻性原则要求进行专业规划，在设置专业时要认真进行市场调研，把握行业的最新发展动态，同时应充分考虑到人才培养的周期性，从战略的高度进行专业建设。不要盲目跟风，建设一些目前所谓的"热门专业"，造成教育资源的重复浪费。前瞻性原则的确定，有利于专业潜力的开发、资源的合理配置、专业建设的良性发展。高等职业学院要始终关注经济社会发展态势，把握职业岗位变化脉搏，准确预测专业发展走向，及时设置适应社会需求的新专业，这样，就能够高瞻远瞩，领先一步，胜人一筹。

（四）相对稳定性原则

任何专业的建设都是一个长期经验积累的过程，教学目标的确立、课程体系的设置与更新、师资队伍的完善、教学条件的改进都需要一个长期稳定的环境，因而专业建设的质量和规模与专业建设的相对稳定性不可分割。没有一定的稳定性，无法进行经验的积累和方式方法上的改进，专业建设就不可能实现内涵的加深和层次的提高。因此，高职教育的专业建设在根据市场与产业结构变化灵活调整时，必须在保证相对稳定性的前提下进行。

（五）效益性原则

高职院校从产生的时候起，就是按照市场原则操作的，即缴费上学，自主择业。即使是经济发达地区，其办学经费和建设资金也主要来自学生和市场，国家财政支持只起辅助作用。因为办学成本的高低与专业密切相关，按照效益性原则，在专业设置时必须重视专业人才的需求量和生源供给量，确保专业有一定的在校生规模；必须重视人才培养成本高的专业与成本低的专业的合理配比，做到以丰补歉；必须重视有共同专业基础、彼此关联度高的专业群建设，充分有效地发挥教学资源的作用；必须重视专业设置的计划性，使专业的发展速度、规模、结构与提高办学效益相协调。

（六）特色性原则

特色是高职院校办学兴校、竞争制胜的一大法宝。学校的特色是在长期的办学实践中凝练而成的，它体现在办学的指导思想、治校方略、人才培养模式、教育教学过程等各个方面，但专业始终是办学特色最集中的载体，没有专业特色就没有学校的办学特色。专业建设的创新要依靠改革现有的教育观念、教育内容、教育方法等来实现。特色性原则的确立，是高职教育发展的必然，是学生学会做事、学会求知、学会合作，以及提高个人综合能力的根本保证。

三、专业定位

专业定位包括两个方面的内容：一是高职院校专业培养的人才所面向的职业领域；二是专业的教育理念和人才培养的指导思想。在专业面向的职业领域上，必须根据实际情况进行调整，能否准确地将职业领域定位在高职学生毕业后能够从事的专业技术领域和工作岗位，直接影响到专业课程设置和人才培养质量；而能否坚持在高职专业建设中落实能力本位的理念，是体现高职教育本质特征的定位导向，同样将直接影响专业课程设置和人才培养质量。

目前，我国高职教育专业人才培养正从学科本位向能力本位转轨。但在能力本位中，能力的内涵是随经济社会发展与人的发展需求的变化而变化的，因此高职教育在确定专业人才培养定位时，要针对当前中国经济社会发展、人的发展与地方行业发展的状态和特点对高职教育培养人才能力的要求进行深入调研分析，以确定明确的能力内涵目标。

第三节　高职教育的专业群

一、高职专业设置：专业紧密联系职业

专业是高等教育或职业教育根据社会职业分工和教育规律确定培养目标、划分教学内容而形成的学业门类，是教育者根据社会需要和教学的可能，在客观规律的基础上，对学生学业的选择和设计。

（1）专业是学业，是人们以教育规律和社会需要为依据为学习者设计的须在一定时间内完成的学业，在我国现在的高职教育中具有导向的功能。

（2）专业都是针对职业的，专业是对职业的选择。在社会分工体系中，选择什么样的职业作为学业的目标，是必须解决的问题。在现代复杂的分工体系中，人不可能从事全部或多种职业，必须对各种职业需要

进行细分。选择专业时只能选择其中的某一专业作为自己的学业目标。虽然普通高等学校大部分专业划分要依据学科，但是职业仍然是专业划分的重要基础，各个专业都有比较明确的职业定向。职业教育和高职教育更是依据职业来划分专业的。

（3）专业是对教学内容的选择和设计。知识是无限的，人从事专门学习的时间是有限的，一个人不可能将全部的知识都接受下来，人类从事教学活动和学习活动前必须选择内容，以便在有限的时间内达到学习的目标。这就要求教育者根据社会需要选定学业的内容。

（4）年龄与基础教育程度是专业设计和选择的主要因素。年龄、基础教育的程度和修业年限要对学业内容做进一步的限定，要求学业内容能适合学生所处的年龄，适合学生原来的教育基础，并在有限的修业时间内能够完成。

这里必须明确的重点是，不同层次、不同类型的教育的专业所包含的内容不同，它们之间是不能相互混同的。高职教育的专业有更加突出的职业特征。在现代教育中，有三种类型的专业，即职业教育的专业、高职教育的专业和普通高等教育的专业。在这三种类型的专业中，高职教育的专业设置有更加明确的职业针对性。

我国目前的职业教育专业设置也有很强的职业针对性。但是，职业教育的职业针对性与高职教育的职业针对性是有明显区别的。这种区别主要有两点：一是职业教育的专业设置和分类针对的是职业的细类，或更单一的技术技能领域；二是职业教育的专业设置主要面对具体的工作岗位，考虑专业的学科联系，但不以学科为基础，各种理论知识仅以够用为度。

所以，从专业设置的一般规律来看，所有的专业都是针对职业设置的，普通高等教育针对的职业面比较宽，职业教育面对的职业面比较窄，高职教育处于二者之间。但总的来说，高职教育专业设置有更加明显的职业针对性，是依据职业来设置专业的。

二、专业群：以行业为基础的专业集群

专业群是指与行业中的职业群相对应，有共同资源基础、技术基础和社会关联基础的相近专业。从这些专业内部来看，由于有共同的职业基础、资源基础、技术基础和社会基础，其内部存在共同的课程基础，如存在共同的基础理论课程、共同的技术课程，甚至存在共同的核心课程。从专业目录的学科分类体系看，所谓学科群是指若干具有相同级次的学科点集，学科群的大小不仅与所含同级学科的数量有关，而且与所含学科的类目级次相关，并随着类目级次的上移，学科口径相应增大，学科群的学科容量增多。

专业群的社会基础是行业或特殊的技术技能领域对应社会的职业群。行业是在经济活动或社会活动的自然基础、技术基础和社会联系差异的基础上对国民经济各个部分进行的分类。一个行业有大体相同或相近的自然基础，特别是劳动资料；有基本相同的技术基础，即相同的技术、技巧、工艺和技能；有大体相同的社会联系，即在社会上同类工作岗位上的人员有紧密的交往、合作和其他的社会联系。这种共同的自然基础、技术基础和社会联系形成了相对集中的职业集群，历史上的这种职业集群还会组成行会。高职教育的专业群就是以行业自然条件、技术条件和社会联系等为基础而形成的相对集中的相近的专业群，这些专业群培养的学生就是适应各个行业，并形成各个专业设置对应行业的职业集群的主体。

专业群有学校内部的行业基础。专业设置对于高等职业学校内部来说，同样需要一定的资源基础、技术基础和社会关系基础。一所学校长期设置某些类型的专业，必然会在学校积累该专业所需要的物质技术基础、师资队伍和各种与这些专业相关联的资源，这些资源条件反映了学校本身的行业基础，这个基础与社会行业基础是一致的，是社会行业基础在校内的反映。由人民政府审批设立的高等职业学校，有非常强的行业基础，也有良好的设备、技术、人力资源和社会关系资源。由社会力

量举办的高等职业学校，由于长期从事某些类型的人才培养，也积淀了专业设置的行业基础。如果完全没有行业基础，要想办好专业是难以想象的。在学校内部的行业基础上，也必然会形成与行业对应的专业设置，形成专业集群。

职业教育的专业设置与普通高等教育专业设置有着根本的不同，它是面向不同的职业分工来设置专业的，正是由于这一重大区别，使高职教育的专业设置具有明显的自身规律。[①] 对高职教育来说，所谓专业群，就是由一个或多个办学实力强、就业率高的重点建设专业作为核心专业，若干个工程对象相同、技术领域相近或专业学科基础相近的相关专业组成的一个集合。专业群具有如下特征：

（一）具有共同的行业基础或行业背景

从校外角度来说，专业群是依托于某一个行业设置形成的一类专业；从校内角度来说，专业群是长期办学积淀的物质基础、社会关系基础和文化基础。各专业具有相同的工程对象和相近的技术领域。反映在教学上就是各专业可以在一个体系中完成实训任务，在实验实训设施、设备上也必然有大量的设备是共用的，有相当一部分实验实训项目是共同的，这对高职院校实训基地建设有着重要的意义。

（二）具有共同的课程内容

专业群面对的是共同的行业中大致相近的职业，因此有相当一部分共同的理论、技术、技能基础，反映在课程上就是专业群有共同的基础课程平台、共同的核心课程或有共同的实验实训课程。

（三）具有共同的学科基础

专业群内的专业是学校在长期办学过程中，依托某一学科基础较强的专业逐步发展形成的一类专业，各专业具有相同的学科基础。

（四）具有共同的师资队伍

专业群的行业背景一致，理论和技术技能基础相同，需要的实验实

---

① 丁文利. 高职教育专业动态调整机制构建［M］. 北京：中国纺织出版社，2018.

训设施相近，相应地，师资队伍必然有很大一部分是共同的。这样，在专业群的基础上，必然形成师资队伍专业群落，形成某类专业建设的良好的师资队伍环境。

（五）具有共同的社会联系背景

高职院校办学需要利用社会资源，社会资源是高职院校办学的重要方面。专业群由于有共同的行业背景，必然与某些行业有千丝万缕的联系，这些联系本身就是一种办学的资源。

（六）具有核心专业

在依托行业的专业集群中，往往有的专业处于核心地位，这些专业的办学历史长，积累的条件优越，师资力量雄厚，社会影响大。核心专业成为凝聚专业群的核心。

高职院校专业群如何规划与建设是由学院的行业背景、地方经济社会发展程度、学院自身的办学条件和专业发展过程确定的，各院校专业群内专业的数量和分布并不与专业目录中的专业划分一一对应。

三、专业群：高职专业设置、调整和建设的重点

高职院校专业群除了具有以上特征外，还有共同的内核，这个内核就是师资队伍、实验设施条件和社会联系。由于专业群有共同的内核，专业群成为专业设置、调整和建设必须考虑的依据。

专业群建设是以专业建设为核心的资源整合活动。专业群建设有利于形成高职院校专业的集群优势，从整体上提升学院在行业与区域内技能型人才的配置水平和能力；有利于形成实践教学优势，将分散的实验资源整合为专业化的实训基地，降低实训建设成本，实现资源共享；有利于形成师资队伍优势，形成专业教师团队，增强专业办学实力；有利于形成学院专业特色和品牌优势，提高学院知名度。

专业群是专业调整的条件。社会对人才的需要是经常变化的，特别是在现代技术进步迅速的大环境下，这种需求变化更快。有一种说法是，社会需要什么专业就开设什么专业，然后再根据社会人才需求变化

不断地调整专业。这种说法是不正确的。高职院校必须根据专业群的状况，研究和调整专业，有条件地在专业群的范围内调整专业方向，以适应社会人才需求的变化。

（一）专业群建设是高职院校专业发展规划的重点

科学地规划专业群布局，是使专业全面适应社会需要的重要举措，是专业建设科学化和专业结构优化的重要步骤，是学院建设与发展总体规划的重要组成部分。高职院校专业建设的布局，必须从专业群建设的角度来分析和研究，从专业群的角度来布局学校的专业发展。专业群的布局要考虑学院所处的行业、区域优势，根据学院办学的基础，合理地布局专业群。专业群建设是高职院校谋篇布局必须考虑的战略问题。对于高职院校的专业建设，必须从专业群建设的角度来分析和研究，从专业群的角度来布局学校的专业发展。学校必须依托自身的条件和优势发展、依托地方经济发展的特点，构建合理的专业群框架，发展专业群。

（二）专业群建设是高职院校特色建设的基础

高职院校的特色主要是通过建设若干重点专业和特色专业来显现的，而这些重点专业和特色专业不是孤立的，一般是专业群中的核心专业。高职院校就是要建设若干的重点专业群，从而发挥出优势、显示出特色。专业群是高职院校提高办学效益的途径。高职院校在建设和发展中往往面临投入的瓶颈，提高办学效益对高职院校有重要的意义，而围绕专业群，加强专业建设可以大幅度降低实习实训设备等各个方面的投入，降低专业建设的成本和办学成本，提高办学效益。

（三）专业群是培养社会所需人才的有效办法

专业的适应性是高职院校必须考虑的问题，特别是现代科学技术进步迅速的大环境下，社会对各种人才的需求经常变化。高职院校要想适应变化，有效的办法是建设好专业群，在专业群的基础上，适应市场变化。以专业群为基础，可以不断地调整专业方向，或一个专业基础设置多个专业方向，也可以设计或增设相近的专业以适应市场需要。因此，以专业群为建设重点，必然会增强高职院校的社会适应性。

此外，专业群建设还能够增强学生的职业适应能力，提高学生的职业迁移能力。现代社会，人们终身从事一种职业的可能性越来越小，使人才能够具有适应岗位变动的职业迁移能力是高职院校进行人才培养时要解决的问题。专业群为学生职业迁移能力的提高提供了一个平台，专业群为学生提供了相似的知识和技能训练，使学生获得在一定行业范围内的职业迁移能力。

四、专业群的构建

（一）围绕产业链构建专业群

专业群的布局和调整应以服务产业为目标，通过对某个产业链应用型人才需求状况的结构分析，构建与该产业发展要求相一致的专业群体系，形成链条式专业群。因而，要研究产业结构调整态势，应搞清区域内产业结构的发展方向，明确区域内行业发展的重点，预测未来发展的走向。特别是针对那些具有发展潜力的朝阳产业，应根据学院办学实际，寻找、确定一些行业，作为专业群建设和发展的背景与依托。要重点加强分析，认真梳理产前—产中—产后、售前—售中—售后的产业链，寻求相应的专业链，以此作为规划专业布局的前提，使专业链与产业链对接，形成学院的办学优势和特色。

（二）围绕职业岗位群构建专业群

职业教育的专业与职业有着紧密的联系，专业是以职业岗位（群）为依据的，与职业岗位（群）具有一致性。专业群的构建要考虑企业岗位的设置背景，针对某个行业一组相关的职业岗位来设置专业，并满足企业岗位群的需要，尽可能多地覆盖行业岗位群。为企业提供全面的、"打包式"的立体化人才服务，减少企业人才招聘过程中的成本，畅通毕业生就业渠道，逐步形成相应的专业群。

（三）围绕学科基础构建专业群

高职教育的专业具有一定的学科基础，可将学科基础相同的若干专业构建成一个专业群。如在建筑领域中，可将以数学、力学等学科为基础的建筑工程技术、道路与桥梁工程、水利水电工程等专业构建成建筑施工类专业群，将以化学、水力学学科为基础的暖通空调、给排水工程、环境工程等专业构建成建筑设备类专业群，将以经济、管理学科为基础的工程造价、工程监理、房地产经营与管理等专业构建成建筑经济类专业群等。

五、专业群建设的内容

专业群建设要以提高人才培养质量为目标，以一个或若干个重点建设专业为龙头，以人才培养模式构建、实训基地建设、教师团队建设、教学资源库建设为重点，积极探索工学结合教学模式。

（一）构建专业群人才培养模式

专业群内的专业由于工程对象相同、技术领域相近或专业学科基础相近，在课程内容上有相当一部分共同的理论、技术、技能基础，因此，基于专业群建设的课程体系，适合采用"平台＋模块"式的模式构建，"平台"是根据专业群对高等技术应用型人才所必备的共同基础知识和基本技能，以及各专业技术的共性发展和学科特征要求而设置的。专业群的课程由公共课和职业技术基础课组成。公共课针对所有专业，按照培养社会人的要求，突出培养现代社会对人所要求的基本素质。职业技术基础课是专业群内各专业共同必需的生产技术知识、产品技术知识、材料技术知识和职业基本技能，是按行业内职业人才的可持续发展的要求开设的，是毕业生可持续发展的基础保证。"模块"是根据不同的专业（或专门化方向）而设置的，由体现专业（专门化方向）特色的课程组成。每一个模块都是以工作任务或工作过程为依据的，是围绕某一工作过程必需、够用的专业理论与专业技能的综合，是专业能力、方法能力和社会能力训练的综合。各模块的课程学时数大致相等，学生在修完"平台"课程后，获得专业群共同的职业基础理论和基本技能训练，具备在行业内从事专业群所包含岗位的基本职业能力和适应职业变化的能力。在此基础上，可根据自己的兴趣特长和就业需要自由选择其中一个模块进行学习。构建专业群人才培养模式重在实现按不同职业方向进行人才分流培养，较好地解决专业群内各专业的针对性问题。

（二）选择专业带头人和培养"双师"型教师团队

专业群建设有利于教师团队的形成，在专业群的基础上，必然形成师资队伍集群，形成某类专业建设的良好的师资队伍环境。同样，加强教师团队建设是提高专业群建设质量与水平的关键和根本所在。选好专业带头人，特别是选好专业群内核心专业的带头人，是教师团队建设的关键，专业带头人通常是指在某一行业领域内对专业技术的发展有着重要贡献，其技术水平处于国内本行业领先地位的技术人才。专业带头人的选拔标准，一般从技术水平、领导能力、协调能力等方面加以评判。作为专业带头人，应该具有在所从事的专业领域内有创新的研究成果，善于从事科技开发、推广工作，能对本行业的技术进步做出重大贡献，达到本行业内的先进水平；同时，也应当具备一定的领导能力，能制订出切实可行的专业建设规划，并组织实施；专业带头人还应具有学术民主、合作共事的作风，能协调与社会、学校各有关部门及领导之间的关系，为专业发展创造良好的外部条件。专业带头人是教师团队的核心，其水平直接影响着专业群建设和发展的方向，专业带头人的成长，既需要其自身不懈奋斗，也需要学校创造条件，加强培养。

教师团队建设的另一项任务是"双师"型骨干教师的培养，即要形成以专业带头人为龙头、"双师"型教师为主体的教师团队。教育部在高职高专教育教学工作合格学校评价体系中提出的"双师"素质教师标准，要求"双师"素质教师应符合下列条件之一：有两年以上基层生产、建设、服务、管理第一线本专业实际工作经历，能指导本专业实践教学，具有中级（或以上）教师职称，即同时具备相关岗位工作经验和教师职称，既有讲师（或以上）教师职称，又有本专业实际工作的中级（或以上）专业职称；主持（或主要参加）两项（及以上）应用性项目研究，研究成果已被社会企事业单位实际应用，具有良好的经济和社会效益。培养"双师"型教师的关键是提高教师的实践能力,因而应尽可能安排专业教师到企业顶岗实践,引导教师为企业开展技术服务,不断积累实际工作经历,提高实践教学能力;增加专业教师中具有企业工作经历的教师比例,聘请行业企业的专业人才和能工巧匠到学校担任兼职教师,逐步形成实践技能课程主要由具有相应技能水平的兼职教师讲授的机制。

(三)建设开放、共享的实训基地

实训基地是高职教育中对学生实施职业技能训练和职业素质培养的必备条件,是提高人才培养质量的关键。实训基地应以专业群内各专业的核心技能训练为基础,按专业群分类组建,实现资源共享。实训基地的功能定位应为:①专业群内各专业学生的实践教学基地;②校企合作模式下的企业职工培训基地;③本地区职业技能训练考核鉴定基地;④技术开发应用与推广基地。

实训基地由技术展示中心、操作技能训练中心、工程技术训练中心和技术研发服务中心组成。应加强实训基地的管理制度建设,特别是要建立校内外共享机制。实训基地可实行企业化管理、市场化运作。企业化管理主要是指营造企业化的职业氛围,实现实训方式、过程企业化;市场化运作是指按市场化要求进行实训成本核算,加强设备管理、工具管理、材料管理及教学管理,通过科学的管理,逐步形成系列化的实训项目、配套的实训教材、一流的指导教师、完善的管理规范。这样才能够保障建成教育改革力度大、设备水平高、优质资源共享的高水平高职教育校内实训基地。

(四)创建优质共享型专业教学资源库

教学资源库是指按照一定的技术规范和专业课程的内在逻辑关系构建的,由优秀的数字化媒体素材、知识点素材、示范性教学案例等教学基本素材构成,可不断扩充的开放式教学支持系统。建设教学资源库,是为了整合优秀的教学资源,从而实现教育资源的广泛共享,凸显专业的示范与辐射效应。每个专业群都要围绕核心专业建立自己的教学资源库。教学资源库建设是一项长期的任务，必须充分调动广大教师的积极性共同参与，可以考虑与相关院校按专业群分类，共同研制开发教学资源，形成共建共享的良性循环机制。教学资源库建设又是一个系统工程，需要领导有足够的重视，保障必要的资金投入；需要教师的积极参与，对教学资源的应用给予密切的配合；需要网站技术人员良好的技术能力。

专业群建设关系到高职院校专业布局和办学特色的形成，对于高职院校的长远发展将产生重大影响。专业群建设不能脱离高职院校赖以生存与发展的客观环境和自身的具体条件：一所学校不可能把所有专业都办成特色专业，必须发展优势专业，努力在几个专业群上办出特色，提升学院的品牌优势。要从学院所处的行业背景、区位优势出发，根据自身所具有的办学基础条件，逐步建立起若干个专业群，特别是要将专业群中的核心专业作为建设的重点，将这些核心专业建设成为精品专业，带动整个专业群的发展。同时，专业群建设又是一个逐步发展的过程。要从行业和社会发展的实际需求出发，结合学院拓展新专业的可能性，逐步推出新的专业方向或相近相关的新专业，构建起一个以重点建设专业为龙头、以相关专业为支撑的独具特色的专业体系。

第三章　高职教育教学的创新

高职教育教学的创新不仅关乎学生个人的职业发展，更是推动高职教育高质量发展、提升其社会认可度和影响力的关键所在。高职院校只有不断探索和实践教学创新之路，才能培养出更多满足时代发展需求的技术技能人才，为社会经济的可持续发展贡献力量。

第一节　高职教育教学方法创新

高职教育教学方法创新的路径是高职教育教学方法创新活动中重要的实践要素。对这个问题的研究，既可以是对过去或现在教学方法创新的总结，也可以是对未来教学方法创新的价值建构。无论是过去已经存在的创新方法、还是未来需要着力改进的新的创新方法，无论是各种自创的创新方法、还是学习借鉴而来的方法，都值得推崇，但都要客观地分析教学方法具有人文环境的适应性和技术支撑条件的差异性，不能盲目。

构建高职教育教学方法创新的基本路径，科学性和新奇性是两个基本判据。教学方法的内在规定性是"价值实现"和"感受共存"，这对教学方法创新实践同样具有理论指导意义，"价值"是科学性创新路径的规定，"感受"是新奇性创新路径的规定。

高职教育教学方法创新策略，必须注意两点：第一，在方法创新过程中，借鉴其他发达国家高职教育教学方法是一个有效途径，这个途径不是在说明那些方法的好坏，而是提高了教学方法的丰富程度，即感受性的最大特点就是丰富性。第二，要重视教学方法的人文环境适应性和技术支撑条件的差异性的存在。在学习借鉴时，要根据不同对象并分析该方法创制的原始背景,加以利用,并注意克服推行过程中的技术限制因素,尝试其他途径或通过相关技术解决问题,这本身属于创新思维范畴。结合创新理论原则和高职教育的教学方法的历史与现状,总结分析得出成功且有效的教学方法。创新方法主要有以下几种:

一、组合法

无论是在自然界还是在人类社会,组合创新都非常普遍。就教学方法而言,就是两种或两种以上的方法或方法理论的一部分或全部进行适当地叠加和组合,形成新的教学方法。组合法是创新原理之一,也符合教学方法创新实践。组合创新的概率与空间是无穷的。

二、分离法

分离原理是把某一创新对象进行科学的分解和离散,使主要问题从复杂现象中暴露出来,从而理清创造者的思路,便于抓住主要矛盾。分离原理在创新过程中,提倡将事物打破并分解,它鼓励人们在发明创造过程中,冲破事物原有面貌的限制,将研究对象予以分离,创造出全新的概念和全新的产品。教学方法创新的分离法,就是把过去或原有的、司空见惯的方法加以分解,按照一定逻辑关系进行整理,然后突出某一部分,甚至将其扩充放大成为一种等同甚至超越于原方法作用的新方法。

三、还原法

还原实际上就是要避开现行的世俗规则,即将所谓"合理"的事物设定为"非",而将事物的原状设定为"是",就是要善于透过现象看本质,在创新过程中能回到对象的起点,抓住问题的原点,将最主要的功能抽取出来并集中精力研究其实现的手段和方法,以取得创新的最佳成果。创新教学方法与创新其他事物一样,都有其创新原点,寻根溯源找到创新原点,再从创新原点出发去寻找各种解决问题的途径,用新的思想、新的技术、新的手段重新构造方法,从本源上解决问题,这就是创新还原法的精髓所在。

四、移植法

创新理论认为,移植法是把一个研究对象的概念、原理和方法运用于另一个研究对象并取得创新成果的创新原理。"他山之石,可以攻玉",移植法的实质是借用已有的创新成果进行创新目标的再创造。教学方法创新活动中的移植法,可以采取同一学科领域的"纵向移植",也可以采取不同学科领域、不同地域的"横向移植",还可以采取多学科领域、多地域教学方法的理念、思维和方法等综合引入的"综合移植"。移植能够取得新的成果,对于教学方法,移植也符合"感受共存"中的新奇性标准,即没尝试过的就是新奇的。

五、逆反法

逆向思维是一种重要的创新方法,逆反法要求人们敢于并善于打破头脑中常规思维模式的束缚,对已有的理论方法、科学技术、产品实物持怀疑态度,从相反的思维方向去分析、去思索、去探求新的发明创造。[1] 实际上,任何事物都有正反两个方面,这两个方面同时相互依存于一个共同体中。人们在认识事物的过程中,习惯于从显而易见的正面去考虑问题,因而阻塞了自己的思路。如果能有意识、有目的地与传统思维方法"背道而驰",往往能得到更好的创新成果。

六、强化法

强化是一般创新方法之一,它是基于科学分析研判基础上的一种"包装术",即合理策划。强化法主要对原本一般的方法通过各种强化手段进行精炼、压缩或聚焦、放大,以获得强烈的创新效果,给人以感觉

---

[1] 王迎. 高等教育管理与教学创新研究 [M]. 哈尔滨:黑龙江科学技术出版社,2023.

冲击。分析国家级"教学名师"的教学方法可以发现，他们很多都是采用强化法，把普通的教学方法"概念化"，或者按照分离法原则把一个普通方法的局部元素加以剥离、充实，并开发到极致、应用到极致，并打上首创者的名号。这样获得的教学方法不仅是"新"的，也是"强"的。

七、合作法

高职教育教学活动是典型的深度合作活动。这种认识长期没有得到推广，以至于教学方法的单边主义长期盘桓，根深蒂固。创新现行屡遭诟病的教学方法，推进高职教育教学方法创新，思路之一就是应该从教学活动本源入手。任何教学方法的创新，从创新主体而言，合作的路径是无限宽广的。这是因为科学的发展使创新越来越需要发挥群体智慧才能有所建树。早期的创新多依靠个人智慧和知识来完成，但像人造卫星、宇宙飞船、空间实验室和海底实验室等，需要创造者能够摆脱狭窄的专业知识范围的束缚，依靠群体智慧的力量、依靠科学技术的交叉渗透。

第二节　高职教育教学方法创新评价

推进和深化高职教育教学模式创新实践的一个重要命题是如何开展教学方法评价。教学方法评价的缺失或不当是教学方法创新实践未能成功的先决条件。因此，建立适合高职教育教学内容、教育对象、教学发展特点的教学方法评价机制，有利于推进教学方法创新实践活动。

教学方法创新评价的起点是教学方法常态评价，通过对教学方法的常态评价促进教师的教学方法创新，通过教学方法创新评价进一步科学引导教师的教学方法创新实践。教学方法常态评价就是对任何教学活动中教师所使用的教学方法状况及其影响给予分析判断，提出建议。这实际上属于常规教学评价内容，但经常被忽视或虚化，其中一个重要原因就是评价标准的缺失或评价过程的瞬间性难以把握，只能寄托于"事后印象"。因此，教学方法常态评价实际上处于一种"无政府"状态，无论是教师还是学生，甚或是专门教学指导与评价组织者，均各执一端，莫衷一是。

教学方法常态评价的目的不在于推选出一种或几种最优教学方法，而在于促进教学方法的多元化和有效性，使学生感受到积极的、健康的满足，从而激发学习兴趣，增强学习动力，提高教学活动的整体水平和质量。"最优"教学方法是不存在的，有效的教学方法几乎都是组合性和适切性的产物。因此，常态评价的标准不是组织设计性的，而是一种常态状态下的灵活评价标准，符合基本教学方法要素、适应不同教学内容和教学对象，教师和学生的感受趋于一致。

高职教育教学方法创新评价是在教学方法常态评价基础上，用来引导和规范教学方法创新活动的手段之一，评价结果反映教学活动中教师所采用的教学方法的科学性、合理性、有效性。进行创新评价或者评价某个教学活动中的教学方法是否具有创新性，至少应该符合以下四项原则之一：

一、批判性原则

与常态评价不同，考量一位教师的教学方法是否具有创新性，首要的判据不是稳妥、正确，而是方法中的批判性成分，包括该方法对教学内容的常理的、现行结果等是否具有反思维或质疑，对学生的问题意识、探究情怀是否有暗示作用。现行教学方法中的知识讲授、灌输等方法之所以一直被诟病，就在于它们忽略了这些知识产生时的无限批判进程，使知识显得苍白，不能培养学生的问题意识和探究兴趣。在评判原则之下，可以有非常多具体的方法，只要它们具备批判属性，都属于教学方法创新范畴。[①]

[①] 刘思延. 高校教育教学管理实践与创新发展[M]. 哈尔滨：哈尔滨出版社，2021.

二、挫折性原则

无论是抽象的观念还是具体的方法，但凡具有"新"的本质属性，或多或少存在不被立即接纳和认同的境遇，人类社会在漫长的进化史中，有一个共同的经验就是对于"新"既怀有期盼，又保持戒备。一种新的教学方法被创设或引进到一个教学情境中，必然会有一定风险、会遇到各种阻力乃至反对，一片欢呼、推行顺畅的新方法罕见。教师对风险的评估及是否决定推行为内阻力，而遭遇风险为外阻力。无论是内阻力还是外阻力，都是任何新方法所必须面临的挫折。同时，这种方法本身在实施过程中还含有"挫折"意蕴。比如项目教学法就使学生在参与实施新方法的过程中体悟探究与推演的复杂性和艰难，在挫折中寻求成功，进而体会新方法的意义和愉悦感。这种方法也是对高职教育学生进行学术品格培育的有效途径之一。

三、丰富性原则

有效的教学方法很少是单一性的，通常是多方法的组合运用。评判一次教学活动或一位教师一贯的教学方法是否具有创新性，应该考查其方法使用的丰富程度。人类在漫长的教育教学历程中，创造了无数的教学方法，其中，每一种方法都没有好坏、正误之分，关键在于是否适合这种方法的对象、教学内容与教学情境。教学是一种非线性规律活动，每一种教学方法都有其产生的特殊原因，而人类相同原因出现的概率非常少。因此，某一种方法只能在其起源相似条件下才能发挥作用，更多情况下是各种方法的融合与杂交。具有创新性的教学方法必须具有丰富性特点，单一的方法在现今条件下即使具有创新性，也一定非常微观，解决不了常规教学层面的问题。总结名师们的教学方法，在其"品牌性"之外，都有非常丰富的教学方法贯穿教学活动之中，其中，还有一些是教学方案设计之外的"非设计"方法，被教师们临场发挥，服务于特殊需要的教学过程。

"非设计"方法是教学方法创新丰富性的表现之一，能准确地反映出不同教师运用教学方法的能力和水平，高水平的教师可以在教案设计方法之外游刃有余、得心应手地选择恰当的方法开展教学，而初任教师可能在教案中设计了若干教学方法，但有可能一些方法根本没有用上就结束教学活动了，或者用一些超出教学安排的"取宠术"来满足学生的兴趣。

四、关联性原则

高职教育教学方法的实现途径随着技术的进步发生着快速而深刻的变化，多途径实现教学目的成为现代高职教育教学方法创新的革命性特征。与传统的讲授法、灌输法相比，现代技术带来的教学方法创新突出了技术性优势，从"粉笔加黑板"幻灯、多媒体、进化到网络课堂，有效地提高了教学效率，为交互式教学提供了时空与技术保障，师生教学灵感也能及时得到捕捉和储存等。但这只是教学方法创新关联性的一个方面，即方法与手段的关联。级联递增式的关联性在一定程度上否定了教学方法的技术元素，完全依赖现代教学技术推进教学方法创新也不妥当，因为人类的教学活动从产生到现在，从来就不是技术的奴隶。尽管现代网络课堂或课程在逐步兴起，这可能从感觉上给世界各地高职教育教学方法掀起一次话题讨论，但通过网络传播"最优"教学方法的可能为期尚远，更多的是学校的一种魅力与形象的展示。因此，关联性创新原则要求教学方法不能在技术面前无所作为，也不能搞"唯技术论"，还必须回归教学活动中"教"与"学"的本位开展创新。人是社会生活中最活跃的因素，离开先进技术设备条件依然可以开展教学方法创新活动。

对教学方法及其创新性的评价，主体必须是多元的，任何单方面的结论都不足信，尤其是从教学管理角度开展的教学方法及其创新性评价更是有违教学方法的本质要求。高职教育教学方法创新属于学术文化范畴，对于教学方法的评价不属于高职教育的行政管理而是学术管理。学术性评价的主体应该是多重多元的，只有这样才能靠近教学方法及教学方法创新性的本质；否则，就是对教学方法的机械性误导，会极大地扼杀教学方法运用的灵活性和教学方法创新的积极性。

　　教学方法创新评价主体是教学活动直接参与者的教师和学生这个二元主体。而且学生这一方面的情况还是动态变化的，即某位教师的某一门课程的教学对于某一年级的学生一般只有唯一的一次，待教师重复进行教学时，学生已经全然改变。因此，教师的教学方法创新为什么滞后，关键就在于学生对某门课程的学习及对教师教学方法的"感受"是唯一不可重复的，即使有一些中肯的建议，但检验这些建议是否被采用的，则是下一届学生。所以对教师教学方法创新评价主体中学生的界定，必须是持续几个年级的学生。对于通用性强的公共课程、专业平台课程等，要把学生全部纳入评价主体的范围，但这对大量专业性课程不适用。教学方法创新评价主体的另一方面，应该是教学团队成员。无论这个团队是否形成建制，或者规模大小、关联强弱不一，但通过这个团队，可以从"方法适应内容"角度准确界定教师教学方法使用及创新状况。至于很多高职教育已经组建并运行的"教学视导"机构的人员，是教学方法创新的评价主体之一，但由于学科专业的巨大差异，他们只能从通用性方法，即符合教学一般规律性的方法入手加以评价，不能代替教学团队的评价。教学管理部门参与教学方法创新评价是间接的，只能从程序设计、持续推进、结果反馈和分析等方面着手开展工作。

第三节　高职教育教学创新的思路

一、更新教学理念

（一）更新教育思想，确立实践教育教学理念

　　实践是指将高职教育教学内容中的自然科学知识、人文知识、德育等各种理论知识教育，通过具体的系统实践来消化、固化、融合、升华。在实践中统一科学教育与人文教育，把实践育人贯穿人才培养的全

过程，培养学生的实践能力和创新精神，提升个人人文素质和科学素质，以达到完全与社会实际需求相符。高职院校在校园文化建设中要建立一种新的激励机制，带动学生积极开展创新创业活动，并给予大力支持，全面推进实践教育。

(二) 树立以生为本的教学理念

树立以生为本的教学理念就是在教育教学中要体现出对学生主体地位的充分理解和尊重，对学生潜能的充分诱导和挖掘，对学生人格的充分培养和塑造，把学生的个人意愿、社会的人才需求、学校的积极引导有机结合起来，使学生在知识、能力、思想道德、身心健康等各方面得到均衡、全面的发展，从而促进学生成长成才。这一教学理念要充分贯彻体现到高职院校的所有教学环节之中的各个方面。在教学模式上，要对原有的、缺乏弹性的、学生被动接受的、没有选择余地的教学模式进行创新，实施弹性教学计划，建立学分制、主辅修制，让学生有一定的选择权和支配权，可以自由支配属于自己的时间和空间，着力于学生创新能力和实践能力的培养。在教学目的上，要"一切为了学生，为了学生的一切，为了一切学生"。在教学方法上，要大力提倡"以学生为主体、教师为主导"的互动式教学方法，鼓励进行问题式、案例式、讨论式、情境式教学法，开展"启发、互动、探究式"的课堂教学实践，采取一系列措施，使教师由传统式知识传授型教学向现代式研究型教学转变，引导学生由被动接受型学习向研究型学习转变。在教学组织的具体实施方面，应采取灵活多样的教学组织形式，而对过于刻板的传统教学方式进行创新，充分发挥学生的个性，对学生进行激发和引导，使学生经过探索研究而学会自主学习，使教学方式从传授知识向培养学生认知能力和全面素质转变。转变以教师、课堂、书本为中心的教学局面，进行师生互动，展开专题讨论，鼓励自主探索与合作的学习方式，培养学生的探索精神与批判性思维；重视教学的创新性和学生个体间的差别指导，让学生在与教师的相处中耳濡目染，接受熏陶；以学生亲自动手实践为主，采取提供实践平台、鼓励学生积极参与科学研究实践课程创新的手段，从而增强教学活力，培养学生获取新知识、分析和解决问题、交流与合作的能力。

（三）制定均衡的高职教育资源配置政策

在重点大学和普通大学之间要实现教育资源配置的均衡。要针对目前不同区域间高职教育差距越来越大的现象，制定相应的区域高职教育政策，寻求不同教育资源在区域间配置的平衡，增强区域高职教育发展的动力。科学合理地安排高职教育的学科专业布局，加强教学内容和课程体系创新。合理地安排课程设置，高职院校的办学理念、专业与课程设置、教学模式要与社会需求相一致，培养与社会需求相符的人才。

第一，在进行学科专业建设时依据"厚基础"原则构建培养本学科专业人才的基础知识、能力和素质结构。

第二，在安排学科专业布局时要依据"宽口径"原则，拓宽学生的专业知识面，把专业设置从对口性向适应性改变，实行宽口径的专业教育，优化课程整体结构，拓宽专业课程交叉培养，增加弹性教学，提高教学质量，提高学生的综合素质，培养学生科学全面地发展，为社会提供高素质人才。

第三，高职院校要抓住自身特色，合理定位，遵循差异性原则，建设优势学科，避免模式单一，合理地配置教育资源，促进教育公平，促进高职教育科学发展。

（四）因材施教，树立以生为本的教学理念

因材施教就是根据不同学生的个性特点来进行不同的教育活动，通过对差异性的辨析制订出适合其特点的教学计划。教育公平的实质并不是使每一个学生都要获得同样的教育，而是使每个学生都获得"适合"自身的教育，这就是教育公平的"适合性"原则。我们要充分认识到学生是教育活动的主体，学生是发展的、独立的人，每个学生都有自己独特的个性，我们要做到在制定教学目标、教学模式、教学内容及教学方法等教学活动方面要坚持以生为本的教学理念，尊重学生的主体地位，充分挖掘学生的潜能，使学生的个性得到充分发展，塑造学生的健全人

格，促进学生的全面发展，促进教育公平的实现。[①]

(五) 构建高职教育教学质量保证体系

高职教育教学的质量直接影响着人的全面发展，最终影响经济社会的发展。我们要依据相应的政策法规建立高职教育教学质量保证体系，规范学科专业建设，避免重复建设和教育资源浪费，构建独立的、有权威性的高职教育教学质量评估机构，加强对高职教育教学质量的监督，完善高职教育教学评估政策，充分发挥社会的监督作用，对高职教育教学质量进行监督。

总而言之，追求高职教育教学公平是促进高职教育公平的核心所在，也是促进高职教育创新发展的不懈动力。我们必须坚持科学发展观，继续深化高职教育教学创新，优化高职教育结构，不断提高高职教育教学质量，实现人的全面发展，最终促进高职教育公平的实现。

二、办学特色

(一) 办学特色的内涵

高职院校的办学特色就是一所大学在长期办学过程中形成的本校特有的及已经被社会认可了的在某些学科领域方面优于其他学校的独特创新风貌和具有可持续的发展方式，具有稳定性、认同性、创新性、独特性和标志性。高职院校办学特色的内容主要包括学科特色、科研特色、人才培养特色和校园文化特色这四个方面。

教育部提出，要培养数以千万计德、智、体、美、劳全面发展的高素质专门人才和一大批拔尖创新人才，突出提高人才培养质量的位置。办学特色是高职院校质量的生命线，是高职院校追求最优品牌的实现。高职院校应以追求特色、打造优势为目标，促进办学水平的整体提升，使高职院校的办学特色更加鲜明，从而提高教育质量。

---

① 张露汀，杨锐，郑寿纬.高校教育教学创新研究[M].长春：吉林人民出版社，2021.

（二）办学特色的形成

1. 教育教学创新，培育办学特色

一所有特色的高职院校必定拥有自己独特的教育思想和教育教学，这种教育思想与教育教学能够在特定时空环境指导着高职院校在办学发展的过程中的办学思想和办学理念，并能适应时代和社会对教育和人才培养的要求，符合教育思想和教育教学的创新要求，符合教育创新发展和社会进步的一般规律，能够促进教育发展方向、人的全面发展及人才培养过程的优化。教育教学的创新必将带来教育思想的转变，先进的教育思想必将促进先进办学思想的实践，包括新的办学目标、办学模式的重新定位标准，以及如何实现这一标准所采用的方法、途径及对此办学实践效果的综合评价。

2. 构建学科特色，促进办学特色

学科特色建设是促进高职院校办学特色形成的关键所在。学科建设作为高职院校培育人才、科学研究和服务社会三大职能的具体承担者，它的建设与发展水平程度对高职院校的人才培养、科学研究、专业建设和师资队伍等方面的质量有着重要影响，对高职院校办学特色的形成有着强有力的支撑作用，并决定着学校的服务能力和水平及办学层次的提高。学科特色是高职院校办学特色中的标志性特色，是构成高职教育核心竞争力的主要组成部分。学科特色的定义包括以下内容：第一，指特色学科，指某一特定的学科特色；第二，指学科结构体系特色，指由几个特色学科共同组成的学科特色。特色学科是学科特色发展的基础，学科结构体系特色是学科特色的扩展壮大，真正的特色学科具有不可替代性，是难以被模仿和复制的。

3. 发扬大学精神，形成办学特色

大学精神是一所大学内所有成员在长期办学实践中共同创造、传承、逐步发展起来的被大学所有成员共同认同而形成的一种精神理念。它反映了一所大学的历史文化传统及面貌状态，是大学的精神信念和意志品质的准确表达，是大学独特气质的精神形式和文明成果的表现，也

是大学所有成员的精神支柱。大学精神犹如个人的品格，是大学最为核心与高度抽象的价值追求和行为规范，决定着大学的行为方式和大学发展的方向，是大学存在和发展的基石，是大学的灵魂和本质之所在。大学精神是大学保持永久活力的源泉，是大学优良传统文化的结晶，是大学在长期教育实践中积淀下来的最具典型意义的精神象征，体现了大学所有的群体心理定式和精神状态，展现了大学的整体面貌、风格、水平、凝聚力、感召力、生命力，最终凝聚形成独有的办学特色。高职院校的办学理念及办学实践应该有利于大学精神的形成和发展，并使之形成一种特色教育，经久不衰。

三、推进师资队伍建设

教师作为高职院校培养人才、传播知识的主体，是高职教育教学中的第一生产力。一所学校的办学理念、办学方针都需要依靠教师在教学过程中呈现出来。高职院校要依据自身的办学特色，造就一支具有足够知识储备、教学科研能力、创新意识和人格魅力的高素质教师队伍，把重点学科、特色学科带头人的培养作为学科建设的首要内容，加大对重点学科、特色学科带头人的引进力度，加快高层次创新人才培养，突出特色训练，形成明显的学科优势，促进学科发展，进一步提升在职教师的素质，提高高职教育的教学质量。

建设一支高素质的、结构合理的教师队伍对高职教育教学创新非常重要。建设一支优良的师资队伍是提高教学质量的关键所在，是实现高职院校培养人才目标的有力保障。

（一）优化高职院校师资队伍结构

高职院校师资队伍的结构内容主要包括教师的学历、职称和年龄等方面，它可以直观地反映出教师队伍的质量、能力和学术水平的一些基本情况。在高职院校教师的职称、年龄结构上，普遍存在着缺少中青年学术骨干教师、拔尖人才等高层次人才的问题。因此，我们要加大对骨干教师和优秀学科带头人的引进力度，强化高层次带头人队伍建设。对于高职称的学科、学术带头人、紧缺专业人才要给予一定的政策倾斜，根据学科发展的目标，有目的地吸引高层次人才，以确保高职院校师资队伍的职称结构比例合理；还要通过有效措施引进高学历人才，提高师资队伍的学历层次。加强本校优秀人才的培养并吸纳来自不同地区和高职院校的人才，引进与培养相结合，推动人才与资源的有效整合，以利于各学科专业教师整体知识结构的优化，最终促进高职院校师资队伍结构的协调发展。

（二）提高高职院校教师综合素质

高职院校师资队伍建设是高职教育教学创新发展的基石，它直接关系着高职院校教学质量的提高。高职教育的快速发展对高职院校教师的教育教学思想、知识结构、教学方法等综合素质提出了更高层次的要求，即要求教师具有熟练应用现代信息技术和现代教育手段的能力，教学与科研的创新能力，理论联系实际的能力，将知识服务于社会的能力及良好的社会交往能力。提高高职院校师资队伍的综合素质要把师德建设放在首位。师德建设是师资队伍建设的基础，不断加强师德建设是全面贯彻党的教育方针政策的根本保证，是培养德才兼备的高素质的社会主义建设者和接班人的必然要求。在高职院校师资队伍建设中要遵循"以人为本"的原则，牢固树立"师德兴则教育兴、教育兴则民族兴"的爱国主义教育教学，要求教师不断更新观念，用现代教育思想充实自我、完善自我，推进高职院校师资队伍建设，建设一支为人师表、作风优良、爱岗敬业、治学严谨、教学科研能力强、与时俱进的高素质教师队伍。

提高高职院校师资队伍的综合素质要注重教师教学素质的培养。教学是培养人才的直接途径，也是高职院校的主要工作，教师是教学的实施主体，培养教师的教学科研能力是提高教师教学水平的主要途径。要改变过去只注重学历的提高而忽视教育教学能力培养的状况，既要注重教师专业学术水平的提高，也要重视教师教学水平的提高，要求教师掌握教育教学理论、教学方法及教学规律，增强教师提高教育教学水平的积极性和自觉性，还要加强教师对科研工作的重视，为教师提供进行科研创新的条件，提高高职院校师资队伍的科研能力、学术水平和教师职业化水平，以"特色专业—精品课程"建设和聘任重点学科带头人为龙头，加强重点学科带头人、学术带头人、学术骨干队伍建设，在部分学科领域形成独具特色的人才群体，致力于学术大师和教学大师的培养，带动师资队伍整体水平的提高。

总之，我们要把高职院校师资队伍看作一个整体，通过多种方式培养高职院校师资队伍的现代教育教学，提高教师的专业理论学术水平、教育教学能力、科学研究能力及科学文化素养，全面提升教师的教育教学功能、团队协作功能、科研开发功能及社会服务功能，使其掌握先进的教学、科研方法，并具有崇尚科学、勇于创新的开拓精神，具有为高职教育事业不懈追求的精神，为高职院校培养一支具有良好的职业道德、较强的教学科研能力和充满活力的高素质师资队伍，促进高职教育教学质量和水平的提高，促进师资队伍建设的良性循环，促进我国高职教育教学创新，为高职教育创新的发展奠定基础。

四、创新课程体系及教学内容

（一）课程体系创新

要优化和调整学科专业课程结构，因材施教，分层次教学、分类别培养，同时进行主辅修、双学位、定向培养、中外合作办学等多样化的人才培养模式，在满足不同基础学生学习的需求和发展需要的同时也能促进人才培养质量的提升。在课程结构上，打破传统的单一课程结构类型，即分科课程、国家（或地方）课程、必修课程统一天下的局面，重新调整课程结构，优化课程体系。综合课程、必修课程和选修课程各自都要占有一定的比例，以"本科规格＋实践技能"为特征，重视学生的个别差异，坚持四个结合，即理论与实践相结合、人文教育与专业课程教学相结合、课内与课外相结合、校内与校外相结合，构建一种合理的、适合学生发展的课程体系，最终培养学生具备两个方面的素质，即文化素质与创新素质，提高四个方面的技能，即基本技能、通用技能、专业技能和综合技能。

在高职院校基础课程教育上，构建综合基础教育体系，所有学科专业都进行国防教育、人文教育、自然科学基础、德育实践等基础知识培训。要构建综合实践体系，搭建公共实践平台，包括专业实验、实习、设计、毕业设计（论文），德育实践，科技文化实践、创新实践等。还要构建学生实践能力考核体系，对学生的综合实践能力进行考核。进行"创新课程"研究，转变理论基础。创新课程所依据的理论基础由心理学扩展为社会学、经济学、文化学、政治学和生态学等更具包容性的学科领域。创新不仅包括首次创造，也包括对他人所创造出来的成果的重新认识、重新组合和设计应用。创新课程并不是以学科的方式向学生传授一整套如何创新的知识、方法和策略，也不是以学生获取学科知识为中心，而是以综合实践的方式为学生提供相对独立的、有计划地进行研究性学习、设计性学习、体验性学习、实践性学习、反思性学习和生活性学习的学习机会，让学生从现实社会生活中自主选择研究课题并通过对开放性、社会性、综合性和实践性问题的探究，形成自己独特的学习方式，培养学生的创新精神、探究能力、开放性思维、社会实践能力和社会责任感。同时，创新课程也是一种创新性理念，是指在一种课程开发与实施的过程中除了独立的综合实践课程之外，原有的所有课程科目在具体实践中都要设置一些必要的干扰性因素，并通过课程内容的复杂性、模糊性来增加课程的难度，以培养学生的探究能力。

（二）教学内容创新

遵循"厚基础、宽口径、强能力、重质量"的复合型人才培养原则，重新规划和设计教学内容与课程体系。改变过去只在专业学科范围内设置专业课、专业基础课、基础课的"三级"课程编排方式，构建专业必修、专业选修、学科必修、公共必修、公共选修五大课程体系，对教学内容与课程体系进行重新规划和设计，按照学科专业普遍大类平行设计学科专业类课程、新公共基础课程、文化素质教育课程和实践性教学课程等较大教学课程内容体系,增加选修课,减少必修课,对公共课进行分级分类教学。

厚基础就是使学生熟练地掌握各个学科专业的基础理论、基础知识、基本技能,并能扎实地运用到实践中去,确保学生的知识基础,强化学生基础知识体系,打造精品课程。进一步加强学生基础理论、基础知识、基本技能和基本方法的学习与实践,进行优秀主干课程建设和基地品牌课程建设,重点建设基础较好、适应面广的学科专业基础课、主干课和专业课,使之达到国家精品课程建设标准。

宽口径就是拓宽学生的专业知识面,把专业设置从对口性向适应性改变,实行宽口径的专业教育,提高学生的综合素质,为社会提供高素质人才。在课程体系建设上,优化课程整体结构,拓宽专业课程交叉培养,提高知识质量,加强大学生文化素质教育,增加弹性教学,改变传统的教学计划。在"公共必修"课程之上可以设置"学科必修"课程,按照分类搭建课程平台,注重文理交叉,在课程体系中设置跨专业课程,强化专业渗透,为学生的宽口径发展搭建学科基础平台,优化学生知识结构,让学生根据自己的专业特长、兴趣爱好和发展趋向自由选择,进一步拓宽专业口径,培养大学生的综合素质。

强能力、重质量就是从培养学生全面发展、提高学生综合素质出发,以分析、模拟、影视教学等基本形式开展实践教学,加强课堂内外的实践教学环节,并通过组织社会实践、社团活动、专业实习等实践活动培养学生的务实能力、操作能力,注重学生的人格塑造,充分挖掘学生的潜能,注重培养学生"从一般到个别"的解决能力,着重训练学生"从个别到一般"的调查分析能力,帮助学生养成可行性分析的良好思维习惯,使培养出的学生具备强能力、重质量。

(三)注重实践教学

开展实践教学,要求学校通过开拓各种有效途径为学生搭建实践平台,建立一批相对稳固的课内外学生实习和实践基地,并积极组织学生进行社会实践、调研、实习等活动,逐步培养大学生的敬业精神,培养他们艰苦奋斗的精神和坚韧不拔的意志，有计划、有目的地推动大学生自觉自愿地加强职业道德素养。逐步培养大学生的实践创新能力，积极支持大学生创新创业活动，致力于大学生创新素质的发掘和培养。创新素质主要包括创新意识、创新精神和创新能力三个层面的内容。在一个创新型国家的建设进程中，这种全新的创新素质正逐渐成为大学生在就业市场竞争中的核心竞争力。

五、教学模式和方法创新

(一) 教学模式创新

人才的培养是一个复杂的系统工程，必须不断探索其内在的规律，创新旧的、不合理的教学模式，认真细致地研究教学，研究其内在的多种因素，如教学理念、教学内容、教学方法和教学模式等，从而掌握教学的规律。因此，我们提出了"教学民主"的教学观念，对传统的教学模式进行创新，开创研究性教学、开放性教学和互动性教学等一些能够体现"教学民主"的经典的教学模式，充分突出学生的主体性地位，激发学生的主动参与意识，开发学生的学习潜能，创设民主、和谐的学习氛围，指导学生学会学习，在教学中建立一种和谐的师生关系，充分调动学生学习的自发性和积极性，保证学生和谐、全面地发展。

1. 推广研究性教学，培养学生的创新意识

教学从知识传递向注重能力培养的转变，必然要求教学方式与方法的变革，推进研究性教学正是深化教学创新的重要路径，也是研究型大学人才培养的一个基本特征。研究性教学是一种将教师自身的研究思想、方法和最新成果引入教学过程的教学模式。通过研究性教学，使教学建立在科研基础上，科研促进教学的提高，教学与科研互动并向学生开放，从而引导学生在参与教学过程中步入科研前沿，激发学生主动思考、主动探索、主动实践的创新意识。

研究性学习的过程是情感活动的过程，通过让学生自发地参与探究性学习活动，获得亲身体验，逐步形成一种在日常生活和学习中勇于探

索、努力求知的良好习惯，从而激发探索和创新的积极欲望。

　　研究性学习的过程就是一个探索的过程，在一个相对开放的环境中寻找问题和探讨解决问题的过程。通过这一过程，可以培养学生的思维能力，培养学生发掘和解决问题的能力，使学生掌握一定的科学的学习方法，增强学生对资料的收集能力、分析能力、总结能力，以及学会利用多种有效手段、多种途径获取信息都有积极的推动作用。

　　研究性学习的过程是一个互动的学习过程，在这个互动的学习过程中离不开学生与团体、学生与学生之间的沟通和合作，可以说研究性学习为学生提供了一个人际沟通与合作的良好空间，为学生分享研究资料、学习信息、创意和研究成果及发扬团队精神提供了一个很好的交流平台，培养学生学会合作、发现问题、克服困难共同解决问题的能力。

　　研究性学习的过程是一个实践的过程，要求学生从实际出发、实事求是，尊重他人研究成果，严谨治学，积极进取。

　　研究性学习的过程是一个培养学生全面素质提高的过程，通过学习实践加深了对科学的认知，以及科学对自然、社会的积极意义与价值，使学生懂得思考国家、社会、人类与世界共同进步、和谐发展的伟大命题，在培养学生的创造能力和实践能力之余还能够培养学生形成积极的人生观、价值观。

　　研究性学习的过程为学生提供了综合运用各门学科知识的机会，加深了学生对学过知识的重新记忆，加强了学生知识的生活化进行开放性教学，培养学生的积极参与能力及自主创新能力。

　　开放性教学是为了鼓励学生主动积极地去探究知识规律，对传统教学过程中影响学生发展的不合理因素进行创新，从而培养学生自主创新性学习能力的新型教学。开放性教学的主要思想理念在于以学生的发展为本，通过教学目标、教学方法、教学内容及整个教学过程的开放，从传统的封闭式课堂教学走向开放式教学，充分发挥学生的主体作用，让学生自己掌握学习主动权，自己去探索、去发现，培养学生的创新能力。在开放性教学中，教师不能拘泥于教材、教案的内容，而要给学生提供充分发展的空间，创设有利于学生自主发展的开放式教学情境，根据学生的发展状况不断调整教学过程中的每一个环节，激发学生学习的动力，促进学生在积极主动地探索过程中健康、全面、和谐地发展。开放性教学不只是一种教学方法、教学模式，还是一种教学理念，它的根本目的是让学生的创新潜能得到充分的发展，以开放的教学活动过程为路径，以最优教学效果为最终目标。

2. 开创互动性教学，提高教学质量

互动性教学就是在教学过程中充分发挥师生双方的主动性，师生之间相互交流、相互探讨，促进师生共同发展，最终优化教学效果共同完成教学目标的一种教学模式。互动性教学可以活跃课堂气氛，而且能够及时反馈学生的学习进度及掌握知识的规律。互动性教学包括教与学的互动、教学理念的互动、心理的互动，以及形象和情绪的互动等。互动性教学是一种富有生命力的创造性教学，有着现代性、互动性和启发性的特点，它不同于传统的教学模式，也不同于放任学生自由学习的教学模式，而是要求教师按教学计划组织学生系统地、有目的地学习，并要求教师按学生的发展要求有针对性地因材施教，促进教师努力探索、学习，不断提高自己的专业水准和教学水平，同时激发学生学习的积极性，促进学生个性的发展，提高教学效果和效率，最终提高教学质量。互动性教学以学生为主体，以教师为主导，提倡师生平等地沟通、交流，让学生在没有压力的情况下轻松自由地学习，让学生参与教学计划、教学决策，有利于培养学生自觉学习和主动学习的能力及创新学习的能力。

(二) 教学方法创新

进行高职教育教学创新要注重教育思想理念的更新，要符合经济社会发展的需要，要吸取国内外教育专家的理论和经验，要坚持理论联系实践。教师要树立大教学观，积极推进实践性教学，处理好知识教学与技能培训之间的关系，把练习、见习、实习、参观、调查等环节全部纳入教学范畴，使学生在实践中学会学习、掌握知识，在实践中培养解决问题的能力。

1. 启发式教学法

启发式教学法就是根据高职教育教学的目的、内容、学生的学习进度、知识规律和现有知识水平，采取各种教学手段，对学生通过启发、诱导的方式进行知识传授、培养能力，促进学生主动学习的一种教学方法。启发式教学法是以教师为主导、学生为主体的一种科学、民主的教学方式，它能激发学生学习的主动性和积极性，激起学生的求知欲和探索欲，让学生开动脑筋、积极思考、大胆质疑、主动实践，并在教师的引导下带着问题进行学习研究，找出解决问题的办法，以达到掌握知识的目的。启发式教学法不只是一种简单意义上的教学方法，它更是一种教学理念。因此，为了激发学生的求知欲，为了提高学生的学习兴趣和探索的欲望，以及对学生创新思维的培养，教师应当遵循学生的认知心理规律，充分考虑学生思维的特性，采用启发式、研究式的教学方法训练学生的思维，从感知和直观开始，不断引出问题、创设情境，紧紧抓住学生思维的火花，循序渐进，启发并改进学生的思维方式、学习方法，让学生在不断地探索与研究过程中学习，增长知识，训练思维，由被动学习转变为主动学习，最大化地开发学生学习的潜力。

2. 实践式教学法

实践式教学法就是以边讲边练的方式在实践基地中讲授理论课，通过理论与实践相结合的方式促进师生共同完成教学任务的教学方法。在教学过程中要着重培养学生的学习能力，培养学生获得知识和运用知识的能力，把教师的讲授、辅导过程和学生的自学过程结合起来，把科学研究引入教学过程，培养学生的研究能力和创新意识；指导学生积极参加社会实践，进行社会调查与研究，在实践中学习知识；鼓励学生进行探索创新。教师讲授时要重视知识的集约化、结构化，让学生重点掌握学科的基本知识、基本结构、基本方法，并运用现代化科学技术逐步提高教学手段，提高教与学的效率，改进考试方法与教学评价制度，应调动教师的教学积极性和创造性，促进学生自发地、主动地学习。在进行教学计划的过程中，教师作为学生学习过程的组织者与协调人，要精心创设情境，根据预定学习任务来制定教学内容，制定一些源于实践活动的综合性学习任务，然后引导学生独立确定目标，让学生从一开始就参与到教学过程当中，制订学习计划并逐步实施和评价整个过程，形成实践与学习相结合的教学方式。在整个实践教学过程中，教师可以采用讨论式教学法，以及案例教学、项目教学等多种教学方式，激发学生的学习兴趣，培养学生独立思考的能力，以及解决实际问题的能力，培养学生的科学精神、创新意识和独立人格。

不管采用何种教学方法，传授知识、培养能力、提高素质这三者在高职教育创新中都是有机的统一体，也是高职教育教学创新的最终目的，我们要通过教学方法的创新把这三者有机地贯穿高职教育教学的全过程。我们要树立新的高职教育教学思想，即教师要在充分发挥指导作用的同时抽出足够的时间和精力致力于科学研究，学生能够自由独立地学习、思考及探索所需要掌握的知识（理论和实践），做到教学相长，教法与学法相互联系与作用，共同促进教学效果和教学质量的提高。

总之，在高职教育教学创新中要针对学生的实际情况并结合以上教学方法，才能够提高学生的综合素质，才能进一步提高学生的学习积极性，才能培养出具有一定理论知识和较强实践能力的实用型人才，才能更好地服务于社会。21世纪是全球化的时代，是知识经济的时代，我们要建设高水平高质量的大学，必须树立现代教育教学，坚持以生为本，推动大学教学培养模式、教学内容、教学方法的创新，才能更好地适应高职教育发展的需要，为科教兴国、依法治国服务。

六、重视大学生文化素质教育

大学生文化素质教育是大学高质量人才培养的重要组成部分，是我国高职教育教学创新的一个重要方面，要将文化素质教育贯穿大学教育的全过程，进而实现教育的整体优化，最终达到教书育人的目的。大学生的基本素质包括文化素质（含思想道德素质）、专业素质和身体素质。

其中文化素质是基础，文化是人们所创造出来的物质和精神的成果，是人的活动的对象化、物化，是人观念存在的形式，是超越个人的实物形态或观念形态。一种文化一旦被创造出来，就不再受时间、空间、个人的限制，就会被广泛地传播和使用。文化素质就是人们所拥有的所有文化知识在内在的积淀，文化素质对于人们的人生观、价值观的形成具有基础性的决定作用，并最终成为行为的指导规范；同样，人们已有的人生观、价值观也反作用于文化素质。提高大学生素质教育，主要是指文化素质教育及创新精神、实践能力的培养。文化素质教育重点指人文素质教育，主要是通过对大学生加强文学、历史、哲学、艺术等人文社会科学、自然科学方面的教育，以提高全体大学生的文化品位、审美情趣、人文素养和科学素质。

（一）提高大学生文化素质教育的目的和意义

国家要发展，经济是中心；经济要振兴，科技是关键；科技要进步，教育是基础。由此可见，教育在我国发展中的作用和地位是重中之重。在发展过程中，需要主体——人，是有知识、有文化、有创造力的人，进行社会发展和变革，因此，发展最根本地又被归结为人的发展。高职教育主要是培育有知识、有文化、创新型人才，高职教育能够产生新的科学知识、新的生产力。高职教育的三大职能之一是发展科学，高职教育在传输知识、培养人才的同时，也创造新的科学理论。高职教育所培养的不同专业、不同层次的各种文化素质人才在社会生活各领域的作用，将直接或间接地影响全社会的可持续发展，可持续发展的教育观念即应从全社会可持续发展的角度来审视教育的创新与发展。在高职教育中，我国已从办学体制、投资体制、管理体制、教育教学、招生就业、考试制度等方面进行了多层次的创新，已经逐步走上了一条可持续发展的新的道路。当然这条道路并不平坦，在进行创新的过程中会有诸多的问题凸显出来，其中，提高大学生文化素质教育，显得尤为重要。

（二）观念变化对大学生文化素质的影响

我们生活的时代正处于急剧变革的社会转型时期，人们的生存方式和形态也随之发生了历史性的变化，这一变化深刻而广泛地改变了社会背景和机制，从而使道德的权威性与制约作用受到了很大的影响，甚至呈现出一定程度的弱化。价值观是人们对人和事的评价标准、评价原则和评价方法的观点体系。它具体表现为信念、信仰、理想和追求等形态。一定的价值观反映着在一定生产关系条件下人们的利益需求，决定着人们的思想取向和行为选择。在经济日益全球化的今天，经济的迅速发展、物质的极大丰富，也在刺激着大学校园，大学生作为最敏感的社会群体之一，其价值观也随之不断发生变化。

文化观是一个人对待文化的态度。我们要树立正确的文化观，不狂妄自大，不妄自菲薄，合理地对待外来文化，不一概排斥，但也绝不崇洋媚外。

（三）提高大学生文化素质的途径

提高大学生文化素质教育，必须将文化素质教育贯穿大学教育的全过程，要求培养出的大学生具备人文科学素质、自然科学素质，具有较强的综合能力，比如观察分析能力，研究思考能力，语言、文字表达能力，决策能力，组织能力，处理复杂关系的能力，以及应用计算机和现代信息技术进行学习、工作和生活的能力，等等，从而实现教育过程的整体优化，最终达到教书育人的目的。提高大学生文化素质，必须从以下三个方面做起：

（1）高职院校必须转变教育观念，必须进一步加大教育教学创新力度，建立科学的课程体系，创新教学内容和教学方法。第一，转变教育思想和更新教育观念。第二，构建科学的课程体系，进行教学内容和课程体系创新，充分发挥以课堂教学为主体的导向作用。总的来说，要全面提高大学生的科学素质与人文素养，在具体教学过程中，应强调人文与科学的自然渗透和融合，高职院校课程体系必须涵盖文、史、哲、自然科学等各学科门类的知识内容，构建多学科交叉的体系，为培养大学生科学素质和人文素养提供广博而深厚的文化底蕴。强调课程体系的科学性，使大学生通过各种必修课与选修课的学习和探索，形成合理的知识结构和深厚的知识基础。

（2）高职院校必须提高教师队伍质量，使教师的科学素养和人文素质全面提高。教育工作者要发扬严于律己、以身作则、率先垂范的优良作风，自觉自愿地做到诚信、肯学、肯干，带头实践我们所提倡的道德标准、价值观念和理论要求，真正起到教育和带动广大学生的领头作用，只有这样才能真正提高与发挥社会主义核心价值体系中教育工作的说服力、吸引力和感染力。

（3）必须创新人才培养模式，把知识、能力和素质三者有机地结合起来，贯穿大学教育的全过程，使大学生在这三个方面获得和谐的、同步的提高，以期造就出高素质的全面发展的人才。要培养大学生拥有良好的文化素质修养，不仅是传授和灌输文化知识，而且要教给他们获取知识的方法和技能，在获取知识的同时，让能力得到充分的发挥，个人素质得到充分的提高，这才是教育创新的最终目的，这才是教育的真正目的。

七、实现人力资源强国战略

实施人力资源强国战略的关键在于建设高职教育强国。人才优势是最大的优势，人才开发是经济社会发展的重要推动力，这一论断深刻地表明了人才资源在经济社会发展中的基础性作用、决定性作用和战略性作用。

高职院校的职责就是为建设高职教育强国提供强有力的人才保障和科技支撑。当前，我国高职教育已经实现了跨越式的发展，成为一个高职教育大国，但是要想建设成为一个人力资源强国，必须以人为本，从创新教育观念、突出高职院校办学特色、深化高职教育教学创新和完善体制等方面全面推进高职教育创新，才能将我国从人口大国建设成为人力资源强国。我国必须在全面建设经济型社会的同时全面建设学习型社会，强化高职教育人力资本投资，使我国高职教育人力资源的结构更加合理、总量更加充足、质量更加提高、体系更加完善，最终带动全体人民的学习能力和就业能力的发展，提高人民的整体素质和综合能力，使我国从教育人口大国迈向人力资源强国。

第四节 高职教育教学创新的策略

一、树立终身教育的教学理念

终身教育、终身学习的思想是近代以来各国教育界乃至思想界的热门研究课题之一，构建终身教育体系、创建学习型社会也逐渐成为联合国及世界各国指导教育改革和社会发展的基本理念。终身教育论学者认为，教育具有时空的整体持续性，即教育与学习"时时都有，处处皆在"。传统教育往往将人的一生分割为三个时期，即学习期、工作期和退休期。终身教育则冲破传统教育的观念，认为教育应当包括人的发展的各个阶段及各个方面的教育活动。终身教育、终身学习，已经成为我们的教育和社会理想，建立和完善终身教育体系，已成为我们义不容辞的职责。因此，要树立终身教育的教学理念，将各类教育形式有机结合，合理配置，创新高职教育的教学模式。高职教育要肩负起发展终身教育的重任，依据社会的发展与职业的需求搞好高职教育、岗位培训、知识更新教育和继续教育，尽可能满足社会和经济发展勇于进取各种人才的要求。

我国高职教育要由封闭办学转为开放办学，要大力发展远程教育和网络教育，采取"宽进严出"政策，向每一个人提供接受大学本科、专科水平的高等教育。要充分利用高等学院是社会主义经济建设接班人的培养基地这个得天独厚的优势，与企业、社会建立更为密切的关系，把学校办成教学、科研和经济建设的联合体，提高高职教育在市场经济条件下的办学效益和造血功能，使高职教育在自身发展壮大的同时，进一步提高为社会服务的功能。还要有强烈的国际意识，推进和发展高职教育的国际交流与合作，大胆吸收和借鉴世界高职教育的成功经验，使我国的高职教育建立起一个面向社会、放眼世界、兼收并蓄、博采众长的开放体系。

二、拓展德育教学的教学模式

从职业发展理论来讲，高职教育在德育教学上的缺失，将严重影响职场个体的职业发展精神和职业道德素养。但是高职教育对象的特殊性，决定了学员的德育教学的艰巨性、复杂性，一般意义上的德育教学很难达到令人满意的效果，高等德育教学也成为高职教育中最为薄弱的环节。因此，创新基于职业发展理论的高职教育教学模式，应当积极拓展高职教育中的德育教学这一重要组件。

(一) 拓展德育教学的内容结构

现代德育是以社会现代化、人的现代化为基础，以促进人的现代化为中心，进而促进社会的现代化的德育。现代德育必然要反映现代社会中人自身德行发展的要求；反映现代社会发展的要求。因此，围绕高等德育内容的构成上，应该更具广泛性、现实性。职业道德是衡量一个从业者道德水平高低的重要标尺，它影响着人们劳动的态度和方向，成为决定劳动者素质水平的灵魂，在高职教育内容中居于核心地位。在现实社会生活中，人们对于国家政策法规的认识了解尚未普及，甚至存在着无知和漠视，经常出现行为过失。市场经济条件下更应当强调法治意识，运用政策法规来规范社会秩序，维护正当权益，这已经成为高等德育教学的必修内容。另外，高等德育不是向受教育者灌输一些既有的道德知识、道德规范，而是要指导受教育者运用科学先进的价值理念学会判断、学会选择、学会创造。随着科技、经济、社会的发展，人们的生活方式、价值观，包括道德观念、道德准则不断变化，原有的某些道德观念、道德规范有可能过时，不可避免地需要提出一些新的道德准则和规范。

(二) 拓展德育教学的教学形式

拓展德育教学的教学形式必须充分利用现有教学资源和条件，选取在教学中已经成形的教学方法和模式，进行拓展延伸。

1. 应当充分运用课堂教学，实施德育

课堂教学是学员学习的主要形式。在课堂德育教学实施过程中，根据高等学习的特点，在教学计划和教学内容上，都要做特殊要求，教育内容应该根据市场经济的形势，适时地调整德育目标，将以往的"完人道德""圣人道德"调整为"高等道德"教育。教育过程中要坚持先进性和普遍性相统一的原则，立足市场经济的实际，提倡"为己利他"的道德建设目标，把"利己不损人"作为道德底线，并且把健全的人格塑造放在德育工作的首位。同时，注重发挥学员的主观能动性，强化课堂师生双向互动，创造轻松、活泼的德育氛围，保证对学员实施有效的德育教育。总之，无论课堂内外，德育目标和德育重点应在学员健康人格的塑造上，使学生明白道德建设是人格修养不可或缺的一部分时，他们才能接受我们的教育。

2. 利用多媒体教学，强化德育教学效果

传统的授课方式无法满足现代高职教育德育教学的需要。因此，在德育教学过程中，要克服枯燥的德育灌输，代之以鲜活生动的实例来感染学生。通过学生自主的情感判断来塑造道德榜样，唤起对道德善行的崇敬之情，在纷繁复杂的社会现象中找到自己的道德归宿。要注重现代教育技术的充分运用，以及信息技术与学科资源的整合。充分利用电影、电视、教学录像等信息化、电子化、智能化的多媒体教学手段，借助于这些灵活多样、内涵丰富的声、光、图像等教学形式的直观冲击力，增强学员的兴趣，使学员的认识更加深刻，产生事半功倍的理想教学效果。此外，可以利用函授及远程教学发挥网络教学的优势，拓展德育教学空间，克服高职教育教学时空上的局限性，整合课堂教学和多媒体教学的优势，充分发挥网络资源在教育教学中的作用；借助网络实施网络教学，可以将专家、学者的精彩专题报告、德育教学录像制作成教学辅导光盘在教学辅导网站上和有条件的教学点进行播放。这一生动、灵活、便捷的德育教学形式克服了高职教育时空上的制约，发挥了网络便捷、高效、涵盖广、辐射面大的优势，最大限度地拓展了德育教学空间，为广大学员提供了全天候德育教学服务。

（三）拓展德育教学的评价体系

基于高职教育的特殊性，高等学习者的德育考核评价有别于其他一般的考核，具有自身的特殊性。因此，凡是列入教学计划的内容，可以通过知识考试的手段进行考核评价；对于学员的思想观念的考查，可以通过日常管理中的操行鉴定来考核评价；对于学员的行为考核主要由学员工作单位出具考核鉴定和进行跟踪问卷调查。另外，为了充分调动广大高等学习者的积极性，鼓励他们在思想上、学习上积极进取，可以建立评优奖励制度，进行精神和物质奖励。对表现能力一般的学员进行批评教育。通过长期的探索，以及多年以来高等教学的实践，制定一系列评判原则和标准，建立以职业发展为基础的高职教育德育教学全方位评价体系，使德育从禁锢人的头脑、抑制人的主动性和创造性的灌输性德育，转向开放性的、激发学员自主创造潜能的发展性德育。

（四）拓展德育教学的管理网络

高职教育的德育教学是一项复杂的系统工程，必须动员主办学校、学员家庭等全方位参与，才能实施有效的组织管理。主办学校根据国家的有关规定，结合高职教育的特点，制订德育教学计划，科学、规范、可行的评价考核标准及考核措施，如班主任配备、班级临时党、团支部活动安排等，负责德育教学的实施和知识考核。学员居住的社区和学员所在单位承担着对高等学习者的平时监督、检查的作用，负责平时的思想教育。高等学习者所在单位具体负责学员日常行为、思想观念等方面的鉴定意见。只有三个环节的协调一致，才能形成高等德育教学的组织管理网络。

三、确立多元化的教学模式

创新基于职业发展理论的高职教育教学模式，需要以高职教育学员的职业发展需求为导向来设计多元化的教学模式，创造一种超越时空限制的弹性化学习机制。确立多元化的高职教育教学模式，必须体现高等特点并以高等的生活、需要、问题为中心，突出能力培养与多种教学范式综合运用的教学活动与形式。新的教学模式应强调个体的思维能力和动手能力，而非仅仅学习基础知识；强调创新性解决问题的能力；强调培养学生面对快速变革的职业生涯与多元的价值取向所应具有的包容能力和理解能力。

在课程建设目标上，要更加强调综合能力和建立在个性自由发展基础上的创新能力，以克服与全球知识经济发展相悖的"知识本位"课程设置所导致的知能脱节之顽症。在教育建设中注入科学精神和人文精神，以滋养和陶冶学员的性情，帮助其顺利走上职业发展道路。按照教学对象的细分，我们可以把多元化的教学模式分为脱产生教学模式、业余生教学模式和函授生教学模式。

在具体的实践中，确立多元化的教学目标应注意以下三点：

第一，确立多元化的教学模式应突出学员的能力培养。[①] 函授生、业余生源于生产、服务、管理第一线，具有较强实践工作经验，但理论知识相对较缺乏，因此，需要通过专业知识的学习与深化，强化理论知识与实践的结合，培养专业技术知识的综合运用能力，而脱产生的学习目的是适应市场变化新形势，通过学习找到较满意的工作。因此，高职教育教学模式必须体现以高等需要为中心的"突出能力培养"的目标。

第二，应提倡跨时空的教学形式。高职教育学生的工学矛盾突出，文化基础差异较大，这为教学组织和教学质量的提高增加了困难。而以网络为基础的教学手段则有效地解决了以上问题，这是因为网络教育不受时空限制，从而为成教学生提供了跨时空的学习环境。网络教育作为一种教学补充，有利于基础较弱者的知识补充。因此，多元教学模式必须具备"虚拟学习环境与学习社区"功能。

第三，确立多元化的教学模式，应转变教育观念，改革和创新教学方法，采用适合于高等心理特点和社会、技术、生活发展需要的教学方法。

---

① 涂凯迪. 高等职业教育管理理论与实践创新探索［M］. 长春：吉林人民出版社，2022.

第四章 高职教育师资管理

教师是教育的核心力量,其素质与能力直接影响教学质量。科学合理的师资管理能够充分调动教师的积极性和创造性,促使他们不断提升自身能力,更好地适应教育教学改革的需求,进而推动高职教育在新时代背景下不断创新和进步。

第一节 高职院校教师职业的性质与特点

一、高职教师职业的性质

教育以育人为本,以学生为中心;办学以人才为本,以教师为主体,二者相辅相成,但教师在教育和教学中处于主导地位。

教师是一种特殊的职业、特殊的岗位,是与工人、农民、工程师、医生、企业家、科学家、艺术家等有着不同性质、不同任务的职业。

从职业的对象来说,教师面对的不是无生命的物质,而是活生生的人,是正在成长中的儿童、青少年。人是有思维的、动态的、变化的,人的差异性很大,从幼儿到大学生有差异,不同地区、不同家庭背景的学生有很大差异,学生从小受到的影响、教育程度也有着一定的差异。因此,教师要把知识、技能、道德观念、价值观念传授给学生,要因人而异、因材施教,要从不同学生的身心特点出发,通过教育教学活动促进每个学生进步,难度很大。这种面对有生命的人的工作,使教师必须有特殊的本领和能力。好的教师能促进学生成长、成才,让人一生幸福;平庸的教师则阻碍学生的成长,让人一生痛苦。可见,教师对人的成长有重要的作用。

从职业的任务来说，教师不仅要教书，而且要育人。教师要根据不同年龄、不同学段的学生特点，把知识、技能传授给他们，把自己拥有的知识，通过教学活动，内化为学生头脑中的知识。由于学生是千差万别的，要让他们接受知识，要调动和激励学生的学习积极性，教师必须有高超的教学能力和教学艺术。

从职业的内容来说，教师不仅要传授知识和技能，而且还要培养学生的思维力、创造力。传统的教育是以"知识为本"，以教师为中心、教材为中心、教室为中心，主要立足于知识的灌输与传授；而现代教育强调培养学生的能力，尤其是学生的思维力、创造力。因此，教师在教育教学过程中，在课堂教学上要把培养、激发学生的思维力、创造力作为重要任务。例如开展问题式教学和探究式、研讨式教学。在教学中，让学生讨论，让学生收集资料，让学生体验知识的产生过程，让学生参加实践活动。教师不仅要向学生教授知识，更要教会学生掌握学习方法。教师的教学内容有三个阶段：从教会知识到教会学习、从学会学习到学会思考、从学会思考到学会创造。

从教师的工作方式来说，教师要提高教学效果离不开教学工具，如粉笔、黑板、幻灯片等。现代教育要用电脑、PPT、多媒体教学，更主要的是要靠教师自己的知识、智慧、教学艺术、人格魅力。教师要把先进的文化和正确的人生观、价值观传授给学生，自己必须有高度的理论修养和文化修养，因为有理想的教师才能讲理想，有文化的教师才能讲文化。教师的一言一行，教师的品德和人格对学生起着榜样的作用、潜移默化的作用。我们平时讲的教师要"学高身正"，就是说不仅要学问好，而且要人品好，要以身作则。教师的工作方式是靠个人的智力、能力和魅力，集中体现在教育教学过程中，这样才能产生好的教育教学效果。

从最终目的来说，教师不仅向学生传授知识，培养学生的能力，使他们将来走向社会、走向工作岗位时，具备一定的知识结构和技能，而且更重要的是还要教会学生做人，使学生成为一个爱祖国、爱人民的人，有高度责任心、事业心的人，有奉献精神和团队精神的人。教师不仅要教会学生知识，而且要教会学生学习，具有吸收信息和运用信息的能力。总之，教师要树立全面育人、全程育人、全员育人的理念，并付诸教学教育实践。[1]

二、高职教师职业的特点

在现代社会，教师不是人人都能胜任的职业，而是一种需要专业知识、技能和素养的专门职业。教师资格包括四个方面的条件：中国公民身份、思想品德条件、学历条件和教育教学能力。实施教师资格证书制度是教师职业走向专业化的必要步骤，体现了教师职业的专业性和不可替代性。只有通过严格选拔的人，才能取得教师资格、担任教师工作，这样有利于提高教师的社会地位，增强教师职业的吸引力。实行教师资格制度，还有利于吸引非师范专业及社会上各方面优秀人才加入教师队伍，形成多元化的教师培养制度。

教师职业的特点主要体现在以下五个方面：

（一）教师职业的学术性和专业性

学术性职业是以专门知识为中介的一种特殊类型的职业，从事的是专门的教学、研究和知识服务工作。专业化的知识是学术职业的基础。学术性的主要特点是教师对某一学科领域从事独立研究，有个人独立见解，教师可以充分发表个人的研究成果，而不受干扰和约束。专业性有两个方面的含义：第一，指教师是专门的职业，就像医生、律师、会计等一样，别人不可以替代；第二，指从事某一专业教学和研究，如数学教师、物理教师、语文教师、外语教师等。无论是中学还是大学，都要对学生进行各学科专业方面的教学，因此，有各学科专业方面的教师。有的教师从事基础课教学，有的教师从事专业课教学，每个教师都有自

---

[1] 吴爱萍. 高等教育的发展与管理实践［M］. 长春：吉林出版集团股份有限公司，2021.

己的专业课,是这一领域的专家。他们不仅要熟悉专业知识并传授给学生,而且要有与该专业相关的知识,要及时掌握该专业领域的最新发展。教师为了搞好教学工作,不能仅依靠课本知识,照本宣科,还必须进行研究、探索,把自己研究的成果内化为自己的知识传授给学生。教师要把教学与科研结合起来,要对自己所教的专业知识进行研究,并积极开展科研活动,接受和承担科研项目。教师还要带领学生一起开展研究。总之,教师不能光做教书匠,还要做学问家、科学家。

(二)脑力劳动的复杂性和艰苦性

教师的劳动是塑造人的劳动,是从事劳动力再生产、科学知识再生产和社会成员再生产的一种特殊劳动。教师每天面对的是学生,学生的复杂性、多样性、多变性决定了教师劳动的复杂性和艰苦性。要使每个不同的学生都能受到教育,都能有提高、有进步、有发展,不是一件轻松的事情。教师向学生传授知识,要让不同的学生接受知识,也不是一件轻松的事情。知识的无穷性、交叉性、复合性也决定了脑力劳动的复杂性和艰苦性。脑力劳动不是在工厂里按一定的程序、规划、图纸、模型进行操作即可,而是要靠自己的再思考、再加工、再创造。教师要上好课,不可能靠一个教学大纲、一个教案就能解决所有问题。教师要有广博的知识,有高超的思维能力、应变能力,才能及时处理好在教学过程、育人过程中遇到的各种不同问题。

(三)教师工作的创造性和灵活性

教师从事的是创造性的个体劳动,他们要向学生传授课本知识、专业知识,对学生进行思想道德教育。如何把书本上的知识变成生动有趣的、学生容易接受和吸收的知识,必须有创造性和灵活性。教师在教学中要旁征博引、举一反三、幽默风趣、引人入胜,要能够理论联系实际,善于应用现实生活中的材料。高职院校是知识传播、应用和创新的主要基地,也是培育创新人才的重要摇篮。高职院校的创新主要依赖于教师的创新精神和创造性的工作。教师不仅要在传授知识的过程中有创新和创造,而且要引导学生去创新和创造。例如引导学生探索未知领域，引导学生独立思考，独创性地解决问题，尊重学生的独立见解，鼓励学生超越教师。

（四）教师职业的独立性和自由性

教师职业是教师独立完成的，如独立教学、独立研究、对学生负有独立的责任，同时每个教师还具有独立人格。教师职业的独立性体现在教学独立、研究独立、责任独立等方面。教师在教学过程中，尽管有教学计划、教学大纲，有规定的课程、教材，但都要通过教师独立思考、独立操作，内化为个人的独立行为。自由性是指教师的学术职业是一种自由的职业，教师的研究和教学是自由的，教师也可以自由流动，从而促进学术的交流。

（五）为人师表的示范性和榜样性

教师是直面学生进行传道、授业、解惑的，要让学生接受教育、增强接受度，教师除了要有丰富的知识和教学技能外，还要有人格魅力。教师要用自己的行为为学生做示范、做榜样，才能起到好的教育效果。学生不仅要听教师是怎么说的，还要看教师是怎么做的，无声的语言，有时比有声的语言效果更好。教师的言行、仪表、风度、气质都对学生有很大的影响，对学生具有潜移默化的作用。因此，教师必须时时刻刻严于律己，以自己的高尚品德、健康心灵、治学精神感染学生、教育学生。

第二节　高职院校教师的职责和基本要求

一、高职教师的作用和任务

高职教师是学校的主体力量，是办好高职院校的关键。培养高级专门人才、促进社会经济文化的发展是高职教师肩负的重任，他们通过传承、发展和创造人类科学技术文化知识推动着社会的进步。

（一）高职教师的作用

1. 表现在对高级专门人才的培养上

高职教师通过继承、传播、发展和创造人类科学文化技术知识，来培养各类高级专门人才，促进社会经济文化的发展。国家综合实力的提高、社会的整体进步要依靠科技生产力水平的提高，科技的发展在很大程度上取决于高职教育培养人才的数量和质量，即"科教兴国"，而高级专门人才的质量又取决于高职院校教师作用的发挥。高职教师在培养高级人才的过程中，不仅要传授知识，而且要帮助引导学生树立正确的世界观和人生观，培养学生高尚的道德品质和情操，塑造美好的心灵。①

2. 表现在对人类科技文化的传承与创造上

高职教师在培养高级专门人才的同时，还承担着传承、创造人类科技文化的历史使命。高职教师通过多种形式（如学术交流、科学研究、论文著作等）继承、传播、创造着人类科学技术文化知识。高职教师还利用自身丰富的知识积累和本学科领域的科研优势，参与国家和地方的科研项目，为社会提供科技服务，制造科研产品，直接参与社会物质财富的生产、创造，并通过社会活动，传播精神文明成果，促进精神文明的发展。

（二）高职教师的任务

高等学校的基本职能一般有三种：培养人才、发展科学和为社会服务。高等学校要完成这三种职能，主要通过教师的工作来实现。因此，高职教师的任务主要有以下三个方面：

1. 教书育人的任务

每个教师都应积极承担教学工作，认真搞好教学，努力提高教学质量，完成教书育人的任务，这是不言而喻的。高职教师要根据专业设置、培养目标的要求，并遵循大学生身心发展的规律，认真钻研教材，

---

① 陈晔. 新时期高校教育管理实践研究［M］. 北京：现代出版社，2020.

精心组织教学,在传授知识、发展学生智能的同时,还要对学生进行思想品德教育,帮助、引导学生树立正确的人生观和价值观,以培养出全面发展的、高素质的社会主义建设人才。

2. 科学研究的任务

高职教师要通过科学研究,不断提高自己的学术水平,掌握科学研究的规律和治学的方法,从而丰富和更新教学内容,有效地指导学生从事科学研究工作,培养学生的科研能力。同时,教师通过科学研究,可以站在本专业领域的前沿,使自己的研究成果在本学科处于领先地位,从而促进学科发展和专业的改造。因此,高职教师必须把教学与科研更加紧密地结合起来,互相促进、相得益彰,把科学研究当作自己应有的工作任务。

3. 为社会服务的任务

高等学校的现代化和开放性,使得它与社会经济发展、科技进步有着越来越密切的联系。教育尤其是高职教育作为一项产业,应该充分发挥其对社会的服务功能。高职教师应该利用自身的丰富知识和科研优势,通过学术报告、科技咨询、培训人才等多种形式为社会服务,创造物质财富和精神财富。在为社会服务的过程中,教师还可以更深入地了解社会对人才培养的要求和对高职院校科研方向的需求,从而更好地提高教学和科研水平。

二、高职教师的基本要求

面临世界多极化、经济全球化的挑战,面临国内改革发展的关键阶段,学科之间不断交叉融合,课程内容日益复杂,教学技术手段不断更新,教育对象不断变化,对象的层次不断扩大,这些都对高职教师提出了更高的要求,必须"严格教师资质,提升教师素质,努力造就一支师德高尚、业务精湛、结构合理、充满活力的高素质专业化教师队伍"。具体来说,对高职教师的基本要求有以下四条:

(一) 要有正确的政治方向，忠诚于社会主义教育事业

高职教师必须热爱祖国，热爱社会主义。树立科学的世界观和方法论，引导学生正确认识世界。要忠诚、热爱教育事业，不论遇到什么困难，始终站在教育第一线，全面贯彻国家的教育方针，为办好高职教育贡献力量。

(二) 要热爱学生，做好教书育人工作

高职教师面对的学生来源不同、层次不同，这就要求教师要遵循学生身心发展的规律对学生施加影响，诲人不倦，为人师表。在向学生传授知识的同时，更要注意用热情、友爱的情感感染学生，关心学生，对学生进行全面的指导。要增强教书育人的责任感和使命感。教师要关爱学生，严谨笃学，淡泊名利，自尊自律，以人格魅力和学识魅力教育感染学生，做学生健康成长的指导者和引路人。

(三) 要具有渊博的知识面，精通自己所教的专业或学科

在信息时代，知识的膨胀、信息的充斥、网络的普及对高职教师所应具备知识的深度和广度都提出了更高的要求。教师除了具有广博的文化素养外，还必须精通自己所教的学科或专业，具有更扎实、更系统、更完整、更高深的专业基础和专业知识，并结合科研及时了解本专业的新成果和发展趋势，以适应时代的变化。此外，高职教师还应了解相关学科的知识。现代科学的整体性、渗透性越来越强，知识的综合性越来越显著，许多学科出现了"你中有我，我中有你"的趋势，作为高等学校的教师，更应该做到基础知识"厚"、专业面"宽"。

(四) 要有合理的能力结构

合理的能力结构是教师完成教学、科研任务的必要前提，作为专门职业的现代教师必须具备以下五种能力：

1. 表达能力

表达能力包括口头表达能力和书面表达能力。教师的表达能力直接

影响着教师教学和科研的效果。现代社会要求教师在口头表达方面，能流利大方、感情丰富地传达信息，使学生在接受知识的同时得到美的享受；在书面表达方面，要求教师能准确无误、清晰明了地表达自己的思想。

2. 学习能力

教育界有一句俗语，"要给学生一杯水，教师必须有一桶水"，而且这"一桶水"还必须永远是新鲜的、流动的活水，只有这样，才能适应知识爆炸、信息激增的现代社会的要求。"未来的文盲不再是不识字的人，而是没有学会怎样学习的人。"因此，教师必须具备良好的学习能力，能结合自己的需要，运用现代信息技术，不断更新知识，调整自己的知识结构，使自己成为终身学习的典范。

3. 科研能力

现代教师不能满足于做一个"教书匠"，而要成为科研型教师。教师在进行科研活动时，一方面可以根据社会发展的需要，选择自己力所能及的课题进行研究；另一方面也可以针对教育教学过程中遇到的实际问题，结合教育教学理论进行研究和思考，提出解决问题的办法。

4. 创造性的教育能力

教育是一门科学，也是一门艺术，而艺术的生命在于创造。教师在教育过程中不能满足于做一个现有知识的传播者，要敢于突破、有所创新，努力做一个新科学文化知识的创造者。在教学过程中，要充分认识教育对象的身心特点，积极改进教学内容和教学方法，启发学生的创造性思维，做到常教常新、教以致用。

5. 驾驭现代教育技术的能力

计算机、多媒体作为重要的辅助教学手段被引入课堂之后，教学过程变得更加生动形象、丰富多彩，教学效率大幅提高。目前，我国大多数高职院校技术硬件设施已初具规模，并已连成校园网。因此，驾驭现代教育技术的能力是教师能力结构中的一个重要组成部分。

第三节 高职院校教师应具备的素质

一、高职教师应具备的现代教育观

要办好一所学校,提高教育教学质量,关键就在于教师的素质。现代教师应具备现代教育观、现代教学理念和良好的素质。

(一) 全面发展的教育观

现代大学的培养目标是德、智、体、美、劳全面发展的具有创新精神和实践能力的高级专门人才。为此,教师必须树立全面的教育观,对学生实施包括德育、智育、体育、美育、劳动技术教育在内的全面发展教育。把育人为本作为教育工作的根本要求。要以学生为主体、以教师为主导,充分发挥学生的主动性。要以学生为中心,因材施教,促进每个学生主动地、生动活泼地发展。教师在教育教学过程中不仅要重视智育,更要重视德育,还要加强体育、美育、劳动技术教育和社会实践,使诸方面教育相互渗透、协调发展,促进学生的全面发展和健康成长。树立全面的教育观,具体到实际的教育教学实践中,就是要坚持以人为本,全面实施素质教育,全方位地提高学生的综合素质。从根本上说,素质教育与全面发展教育实质上是一个问题,人的素质的提高也就是德、智、体、美、劳的全面发展。全面发展教育是从总体上把握人的培养和教育,而素质教育则是全面发展教育的具体体现。

(二) 以学生为本的民主观

教师的学生观决定着教师的教育态度及相应的教育方式,支配着教师的教学行为,并进而影响到教育教学的实际效果。以学生为本的民主观主要体现在以下三个方面:

(1) 承认学生的权利,承认学生与教师在人格上是平等的,承认学生与教师一样具有某些神圣不可侵犯的权利,尊重学生的人格尊严,不对学生实施体罚、变相体罚或其他侮辱人格尊严的行为。

（2）尊重学生，平等地对待学生。

（3）以有利于学生的发展作为教师工作的出发点和根本目的。只有承认学生的权利，教师才有可能真正平等地对待学生，只有平等地对待学生，才有可能真正地促进学生的全面发展。当然，尊重学生、平等地对待学生，并不等于无原则地迁就、放纵学生；相反，还要严格要求学生。

（三）个性化的教学观

传统教育往往强调整齐划一，由教师根据班级中等程度学生的情况来设计教学内容、教学方法、教学进度，用同一的教学内容、同样的教学方法、统一的教学进度来对全班学生进行教学，结果抹杀了学生的独特性，使本来应当具有丰富个性的人变成了一个个大致相同的"标准件"。现代教育强调发展学生的个性，要求教师树立个性化的教学观，根据学生的不同才能、兴趣和爱好，施以不同的教育，为学生提供尽可能的自由，允许学生根据自己的实际跨专业、跨学科选修若干课程，为学生个性的发展创造充分的条件，使每个学生的个性都得到充分、自由的发展。[①]

二、高职教师应具备的教学理念

现代教育理念是与市场经济、改革开放、现代化建设相适应的教育观念。现代教师要从以下六个方面转变教育观念：

（一）在培养目标上，从重育才向重育人转变

要改变片面的人才观。不少人认为"人才"就是指个人的知识和才能，因此，把主要精力和时间放在传授知识、培养能力上面。仅注重"为何而生"的教育，而忽视了"如何做人"的教育，放松了对思想品德及身体素质、心理素质方面的培养。学校教育必须注重对学生进行"为何而生""如何做人"的教育，树立德育为先、以人为本的教育观和

---

① 刘向东，梁银书，彭育安. 哲学与人生［M］. 武汉：湖北科学技术出版社，2017.

人才观。以人为本是指以学生全面素质提高、全面发展为本。

（二）在教学内容上，从繁、难、窄、旧向精、复、宽、新转变，从重结论性知识向重方法性、价值性知识转变

在教学内容上，现代社会知识激增，科学技术越来越向多学科相互交叉、融合的方向发展，因此，在教学内容上要精一些，知识面要宽一些，要给学生复合型的知识、新的知识、人文素养的知识。要向学生传授并让学生体验知识产生的过程，介绍知识的价值，激起学生的学习兴趣和对知识的热爱。

（三）在师生角色上，从教师中心论向学生中心论转变，树立教师、学生双主体观

现代教育应以学生为中心，发挥学生在学习中的主体作用，教师起主导作用。教师要围绕学生转，要根据每个学生的不同情况制订培养计划和教学内容，使学生在学习上有自主权和选择权，要让学生参与到教学进程中去，要调动学生的积极性。

（四）在教学模式上，从刚性向弹性转变，把统一性与多样化、个性化教学结合起来

现代教育强调以人为本，就是要以每个学生为本，尊重他们的个性和特长。学校应有多种教学模式，组建多种课程体系，开设大量选修课，让有不同需求、不同爱好的学生自己选择、自己组建知识结构。对少数尖子学生，在学完基础课以后可"计划单列"，另造"模具"，为他们配备导师，为他们单独制订教学计划，实施个性化的培养。

（五）在教学方法上，从单向性、封闭性向互动性、开放性转变

现代教育强调在教学上要激活课堂、激活学生，把学生当作课堂的主体，学生既是"听众"（观众），又是"演员"。教师要根据不同的教学内容、教育对象，采取多种教学方法，把讲授式、研讨式、报告式、答题式、直观演示式、实验式等结合起来，充分调动学生的学习积极

性。科学的教学方法是提高教学效率、提高学生学习能力的重要途径。

（六）在考试方式上，从考记忆性知识向考思维能力、创新能力转变

现代教育理念重视学生能力的发展，通过考试改革引导学生在学习能力、思维能力、创新能力方面的发展和提高。平时，学生获得知识可以通过多种渠道、多种方式，不能只考从课堂上学到的知识，也要考他们自学得到的、从实践中学到的知识。

三、高职教师应具备的身心素质

身心素质包括两个方面的内容：一是身体素质，二是心理素质。

良好的身体素质是其他素质发展的基础，身体素质是"皮"，其他素质是"毛"。"皮之不存，毛将焉附"非常形象地说明了身体素质与其他素质之间的辩证关系。教师只有具备了强健的体魄、旺盛的精力，才能胜任长时间、高强度的教学和科研任务，以及社会服务工作。如果身体素质差，即使知识渊博、品德高尚，满怀报国之志，也往往会感到心有余而力不足。教师要积极参加各种体育活动，养成良好的体育锻炼习惯，以增强自身的身体素质。

心理素质主要包括创新精神、协作精神、心理承受能力、坚强的意志和顽强的毅力、交际能力等。

第四节　高职院校教师队伍的建设和发展

一、高职教师的培养与发展

加强教师队伍建设是办好学校、提高教育质量的关键，既要提高教师地位，维护教师权益，改善教师待遇，使教师成为受人尊重的职业，又要严格教师资质，提升教师素质，努力造就一支师德高尚、业务精湛、结构合理、充满活力的高素质专业化的教师队伍。提高教师素质有

两点：第一，做好教师的培养培训工作；第二，优化教师队伍的结构。

教师的培养是一项长期的任务，为使培养工作取得实效，开展教师培养工作就必须遵循立足国内、在职为主、加强实践、多种形式并举的原则，对教师进行岗位培训、在职进修、重点培养，并加强对其实践能力的培养。根据需要，可以对不同年龄阶段的教师采取不同的培养途径和形式。

（一）培养的途径与形式

我国高职教师的培养有四条基本途径，即在职进修、脱产学习、实践锻炼、学术交流。目前，高职院校培养教师普遍采用的形式有以下六种：

1. 岗前培训班

岗前培训班适用于帮助新教师熟悉本职工作的岗位职责，了解和掌握从事教师工作的基本知识。

2. 单科进修班

单科进修班适用于帮助开设新课的教师提高相应的专业知识水平和教学能力。

3. 助教进修班、旁听研究生课、研究生班

助教进修班、旁听研究生课、研究生班主要用于解决青年教师低学历和任职资格条件等方面的问题，同时，改善和提高教师的知识结构。

4. 知识讲座、讲习班、研讨班

知识讲座、讲习班、研讨班这类形式适用于中年教师更新知识结构，扩大知识面。

5. 国内进修、专题研讨班

国内进修、专题研讨班主要培养骨干教师和学术带头人。

6. 社会实践

社会实践帮助青年教师接触社会、了解社会，增加社会知识和实践经验。

改革开放以来，与国外的学术交流越来越频繁，教师出国培养的机

会逐渐增多，其主要形式有攻读学位、从事博士后研究、担任出国访问学者、出国考察讲学、参加国际学术会议等。

（二）不同年龄阶段教师的培养与提高

1. 青年教师的培养与提高

教师的成长需要一个比较长的过程，因此，要尽快、尽早地对青年教师进行培养与提高。青年教师的培养应立足国内、加强实践，坚持在职进修为主、脱产进修为辅。对于新任教的青年教师，要指定讲师以上的教师当他们的指导教师；按照岗位职责，要求新教师在制订工作计划的同时制订进修计划。在教师担任助教期间，要及时安排他们进行业务进修。进修以在职为主，有条件和需要的也可以外出脱产进修，一般采取报考在职研究生、助教进修班、在职进修研究生课程等形式。要求他们拓宽知识面，练好基本功，进一步掌握本学科的基本理论知识与专业理论知识，学习和研究教学法，掌握教学的原理和方法，尽快成长为一名成熟的教师。对成绩突出者要给予奖励或提前晋升职务。

2. 中年教师的提高

中年教师一般是具有讲师职称以上的教师，对他们的培养与提高主要是分配给他们新的和重要的教学任务与科研任务，促使他们在教学与科研中做出成绩，从而得到锻炼，提高业务水平。有条件和需要的也可以安排国内或出国进修，要求他们不断更新业务知识。提供良好的生活条件和工作环境，鼓励他们不断多出成果，成为教学与科研的骨干。[①]

3. 老教师的提高

老教师一般是教授或副教授，他们有丰富的教学和科研经验，但在科学技术迅猛发展的今天，仍需要在教学科研中不断提高。除了完成岗位职责外，还要求他们指导中青年教师的成长。

（三）学术骨干和学科带头人的培养与提高

培养一批高水平的学术骨干和学科带头人是提高师资水平、办好高

---

① 谢红星，文鹏. 高等学校青年教师专业发展能力提升研究［M］. 武汉：武汉大学出版社，2022.

职院校的战略之举。

1. 学术骨干应具备的素质

（1）经过5年左右的时间，争取成为本学科学术带头人的中青年教师和少数拔尖的青年教师。

（2）专业基础扎实，教学经验较丰富，教学水平较高。

（3）科研能力较强，对本学科的某一方面有较深入的研究，有一定的科研成果。

（4）治学态度严谨，学术思维活跃，勇于创新，对本学科的发展能提出有科学价值的创见，有一定的组织能力，能协同攻关。

（5）能熟练地掌握和运用一门外语。

2. 学科带头人应具备的素质

（1）学术造诣深，理论基础雄厚，具有扎实的专业知识和丰富的实践经验，掌握与本学科有关的边缘学科知识和国内外学术发展动态，学术思维活跃，具有较强的国际学术交流水平。

（2）教学、科研成果卓著，有达到国内先进水平的学术专著或学术论文，在国际、国内学术界具有一定的地位和影响。

（3）治学态度严谨，能起到设计、组织和指导课题的作用。

（4）有较强的科研管理和组织领导能力，热心培养中青年教师，具有带博士研究生的能力。

（5）学术作风民主，具有团结协作的精神。

培养学术骨干和学科带头人，要从多个方面关心他们的成长，为他们创造和谐的学术环境，提供必需的图书设备和实验仪器，改善他们从事教学、科研的条件。对于骨干教师，主要通过工作实践来提高他们的水平，大胆起用新人，注意把他们安排在重要的学术岗位上，根据他们的实际情况安排参加重点科研项目或承担主要课程的讲授。要提高中青年尖子教师的知名度，大力扶植他们在学术上尽快成长。把重点要培养的对象安排给学术造诣深的老专家、老教授当助手，以学习专业知识和治学方法，从而提高学术水平，培养科研能力。

对于学科带头人的培养措施有：设立科研基金，支持尖子教师在本学科领域的学术发展，使其能够站在本专业的前沿，研究成果在本学科中处于领先水平；建设各类访问学者和博士后等高层次人才培养基地，尽力让一批尖子教师在国内外崭露头角；组织多学科人员的高级研讨会、讨论班，通过学科交叉渗透的途径来培养新兴学科带头人。

二、高职教师队伍的结构优化

高职教师队伍的建设是办好高等学校的一项具有战略意义的大事。没有一支学科齐全、结构合理、政治和业务素质均比较好的教师队伍，是不可能办好大学的。因此，正确认识、了解和优化教师队伍的结构具有十分重要的意义。

教师队伍的结构是指教师整体构成的状态。教师队伍的结构在很大程度上反映着教师队伍的整体素质和适应能力。教师队伍的结构是否合理，直接影响着教师队伍整体作用的发挥，直接影响着高职院校教学与科研的整体质量。教师结构主要包括职务结构、学历结构、年龄结构、专业结构和学缘结构。

（一）职务结构

职务结构是指教师队伍内部各级职务的比例。高职教师的职务由高到低分别是教授、副教授、讲师、助教。高职教师的职务结构是衡量教师队伍业务能力和水平、反映教师队伍整体素质的一项重要标志。不同类型、不同基础、承担不同任务的高职院校，其师资队伍的职务结构是有差别的。就一所高职院校来说，随着学校教育事业的发展，教师队伍的职务结构也会发生变化。因此，高职教师队伍的职务结构怎样才合理，要依据高职院校的不同类型、不同基础、承担的不同任务而定。一般来说，以培养研究生和科学研究为主的高职院校，其职务结构多为"倒金字塔形"，即教授、副教授等高级职务所占比例较大，这样才能适应高水平科学研究及教学的需要；对于教学与科研并重的高职院校，其职务结构往往为"卵形"，即中级职务讲师所占的比例较大，而高级职务和初级职务所占的比例较小；对以教学为主的专科学校而言，其职务结构最好是"金字塔形"，以加强教学的力量，避免高级职务教师过量，造成浪费。从一所学校的教师职务结构到一个系、一个教研室的职务结构，都要依据不同的任务综合分析，组成合理的结构，才能更好地适应教学与科研的要求。

（二）学历结构

学历结构指教师队伍最后学历的构成状况，它在一定程度上反映出教师队伍的业务素质，反映出教师的基础训练水平和教师发展的潜力。随着科学技术的发展和教育水平的提高，对教师的基础理论和科研能力的要求越来越高。一般来说，教师队伍中拥有高学历的比重越大，学校的科研、教学的潜力就越大，学术水平就越高。

为了满足高职院校提高教学、科研水平的要求，一方面，要加快研究生培养的速度，为高职院校输送更多高学历的教师；另一方面，对于高职院校中不具备研究生学历的教师特别是青年教师，要求他们报考在职硕士生、博士生，或在职进修硕士学位、博士学位的主要课程。力争在不远的将来，高职教师都能达到硕士和博士的实际水平，以保证高职院校教学与科研的质量。

（三）年龄结构

高职教师的年龄结构是指教师队伍的年龄构成状况，主要包括教师队伍的平均年龄、各级职务教师的平均年龄、各年龄段教师人数比例等几个主要指标。高职教师从事的是创造性的脑力劳动，它比任何一种物质生产劳动都更需要旺盛的精力和创造力。人的一生只有在记忆力、理解力和体力都比较好的时期，才能表现出较好的创造力。因此，教师队伍的年龄结构在很大程度上反映了整个教师群体的教学、科研活动及其兴衰趋势。

（四）专业结构

专业结构是指教师队伍中各专业教师的比例状况。高职教师合理的专业结构应与社会的政治、经济、科学技术，以及高职教育的发展相适应，应有利于完成学校的教学与科研任务，形成学校的办学特色，有利于边缘学科、新兴学科的发展。

因此，要顺应社会经济发展对宽专业、双专业、复合型人才需求的趋势，拓宽专业基础，打破学科、专业间的界限，选拔、培养具有深厚专业基础和较强适应能力的专业教师。鼓励高职务、高水平的教师开设基础课，以培养出适应社会发展需要的各类专业人才。

（五）学缘结构

学缘结构是指高职院校教师来源的构成状况。为了防止和打破学术思想的沿袭守旧，加强不同学术风格和思想的交流与相互渗透，活跃思想，繁荣学术，教师队伍的学缘结构应该是"远缘杂交"。也就是说，一所高职院校的教师应来自五湖四海，尽量避免同一"源头"。在保持教师队伍相对稳定性和连续性的同时，加强与校外教学、科研、生产、管理等部门之间的人才交流，逐步扩大"外源"教师的比例，优化教师学缘结构。

第五章　高职教育的可持续发展

在全球经济一体化进程加速、科技革命浪潮汹涌澎湃的时代背景下，高职教育作为教育领域与产业经济紧密相连的关键环节，其可持续发展问题愈发凸显出至关重要的战略地位和深远影响。本章从理念解读、体系构建和校企合作三个方面探讨高职教育的可持续发展。

第一节　高职教育可持续发展的理念解读

一、遵循导向性理念

高职教育可持续发展的研究与实践必须以习近平新时代中国特色社会主义思想为指导，运用全新的理念、思维、理论辨析高职教育发展过程中所面临的困难和问题，使高职教育的可持续发展具有鲜明的导向性，遵循高职教育的发展规律。

二、遵循持续性理念

持续性是高职教育可持续发展的应有之义和根本的发展状态，是高职教育发展的本质要求，离开持续性高职教育将会变得功利性、阶段性，甚至是碎片化。这里的持续性主要包括以下三个方面：

（1）人才培养对象发展的可持续性。人才培养对象即我们培养的学生。通过高职教育培养的学生应当是可持续发展的，尤其是在就业或者升学后，自身的发展能力是可持续的，必须具有不断完善自我、不断更新知识、不断提升技能的能力。

（2）教育教学质量提升的可持续性。教育教学质量是衡量一切教育类型好坏的基本前提，高职教育的办学过程必须以高质量为前提，那么就需要国家与办学主体在国家法律层面和院校办学制度方面形成统一持续提升教育教学质量的机制，使高质量的教育教学持续提升成为可能。

（3）促进经济社会发展的可持续性。经济社会的持续发展对高技能人才的需求必将不断增加，这就需要高职教育的人才培养与经济社会的发展结合起来，必须持续地跟上经济社会发展的内在要求，调整高职教育的办学目标以适应可持续发展的要求。

三、遵循责任性理念

高职教育肩负着我国数以千万计高素质技能型专门人才培养的历史使命，经济社会的发展离不开高职教育，同时高职教育也必须承担自身对经济社会发展不可推卸的历史责任，因此责任必须明确，也必须承担。这里主要包括以下三个方面的责任：

（一）对学生和家长负责

学生是高职教育直接服务和培养的对象，所有的教育内容和环节都是为了学生的发展而精心设计的。学生与家长对高职教育是否满意是最直接的评价和反馈。[1]

（二）对用人单位负责

企事业等用人单位是学生的服务对象，也是高职教育人才培养规格、岗位确定的重要依据，离开用人单位的参与，高职教育就无法体现"职业"属性，培养的学生就无法准确定位，要想培养的人才符合用人单位的用人标准和需求就必须对用人单位负责。

（三）对社会负责

高素质技能型专门人才是高职教育培养的人才目标，是社会发展急需的人才，为了推动社会的不断发展和进步，必须认真完成高职教育的历史使命。

---

[1] 李全文. 高职教育热点问题探讨[M]. 成都：电子科技大学出版社，2015.

第二节　高职教育可持续发展的体系构建

一、现代职业教育体系建设的出发点

关于现代职业教育体系的内涵，现代职业教育体系的构建方法，学术界有不同的看法，也有不同的建议。

（一）职业教育和经济发展方式的转变相适应

在各种教育类型中，和经济发展关系最密切、联系最直接的，就是职业教育。也正因如此，有人提出职业教育本身就具有一定的经济性，我们深抓职业教育就是深抓经济。构建职业教育体系，我们需要立足经济发展方式的转变，从中寻找最佳方案。自从实施改革开放政策以来，我国的经济体制已经从计划经济体制逐渐转向了社会主义市场经济体制，然而在经济发展方式上，目前，我国的大部分地区及大部分产业，都还是以粗放型的发展模式为主，即消耗高、投入高的发展模式，这也导致了我国的资源消耗越来越大，所面临的环境压力也急速增加。在对经济发展方式进行转变的过程中，核心问题就是对发展观念及发展目标进行调整转变。我们要对过去的发展方式，即以外向型经济为主和对于投资过度依赖的方式进行转变，对于高新技术产业、绿色产业、新材料、新能源产业等，要进行大力发展，不论是在人与社会方面，还是人与自然方面，都要尽可能地实现和谐发展。与此相适应，职业教育的建设也要和这些行业的发展需求相适应，如高新技术产业、先进制造业、现代服务业、绿色农业等，这就对职业教育提出了新的发展要求，在专业设置、培养模式、教学内容等方面，要主动进行改革，使之适应性得到提升，让整个职业教育体系的结构、内容层次都能对此进行充分的展现。

（二）职业教育和产业结构的调整需求相适应

在现代生产力不断发展进步的过程中，对产业结构进行调整升级是必然的，这也符合科学技术的发展需求。过去，生产力水平比较低，农业是社会发展的主导力量，因此当时的主要产业就是耕作；随着生产力的不断发展进步，工业化程度越来越高，在整个产业结构中，工业，即第二产业，所占的比重开始逐渐增加。在当下和未来的很长一段时间内，我国不仅要对工业化和城镇化进行大力推进、对先进制造业及一些新兴战略产业要进行大力发展，还需要对现代服务业（如文化创意产业、物流、金融保险产业等）进行大力发展，尤其是在经济发达的地区，发展现代服务业更是我们的重中之重，在这些地区，第三产业，即服务业，将比第二产业所占的比重更大，形成"321"的产业结构格局。因此，在构建现代职业教育体系时，我们不仅要满足第二产业所需的技能型人才需求，还要满足现代服务业发展所需的应用型人才需求，除此之外，在农业、农村领域，我们也需要对农业生产经营发展过程中管理人才的需求进行充分考虑和满足。这些都是适应高职教育发展的长远方向，应该积极发展、大力发展。[1]

（三）随着经济社会的不断发展，对于技术型人才及高素质的劳动者的需求逐渐增长

在我国目前的教育体系中，完成初中学业后，大部分学生将面临两个不同的教育体系：进入普通高中学习，继续深造，接受普通中学教育；进入职业高中或者中职院校学习，接受职业教育。我国的经济社会在不断地向前发展，科学技术也取得了极大的进步，为了与这样的发展和进步相适应，我们的劳动人员需要掌握更高水平的技能，在素质方面需要达到的要求也逐渐提高。

（四）对终身教育这一理念进行体现展示

终身教育，不仅是在职业教育领域内关于"以人为本"这一理念的一种具体体现，同时，也是在生产劳动和人的全面发展等宏观层面对教

---

[1] 周建松. 现代职业教育体系建设与高职教育创新发展 [M]. 杭州：浙江工商大学出版社，2017.

育提出的要求。要想更好地对终身教育理念进行体现，在发展职业教育时，不仅要坚持学习理论，同时还要避免只学理论；要对初始学历进行关注，同时不能忽略学历的提升和发展；在重视学历教育的同时，也要更加关注岗位培训；除了要对全日制教育进行妥善安排之外，还要对一些业余教育与培养方式进行组织和安排；除了关注初中毕业、高中毕业的应届学生这类适龄青年的学习外，对于一些中老年人的培养学习也要重视起来。

（五）确保中等职业教育和高职教育的发展相协调

中等职业教育和高职教育的协调发展，对我国的职业教育起点进行了限制，即在初中之后开始接受职业教育，而非进入大学之后，我国的职业教育是在九年制义务教育基础上进行的。换而言之，在当下，我国的职业教育重点已经不再是初等职业教育了。同时，在中等职业教育和高职教育的内容设置上，应当进行丰富和拓展。为了能够和经济社会的发展需求相适应，对人的全面发展需求进行满足，未来，我国的中等职业教育和高职教育发展将面临更多的可能，拥有更广阔的空间。

二、现代职业教育体系建设的特色

通过以上分析，我们可以科学、完整地对要探索和构建的中国特色现代职业教育体系做如下界定：

（一）现代职业教育体系应该是一个独立的体系

现代职业教育体系作为一个独立的体系，主要包含两层含义。

第一层是作为一种独立的国民教育类型，它的教育理念和培养方法应当是自主的。换而言之，职业教育应该独立于普通教育而存在，国家应当将之与普通教育并行推进、协调发展。一般而言，整个国民教育体系应从普及九年制义务教育后开始分流，根据国民经济结构、经济发展状况、科学技术水平和产业分类情况进行分类设计。职业教育的基本特征是校企合作办学、工学结合育人，职业素养与职业技能并重，着力培养具有鲜明的职业意识、崇高的职业理想、严明的职业纪律、良好的职业良心和优良的职业习惯的高素质、高技能的应用型人才。

第二层是作为一种独立的教育管理对象，它的管理体制与评价标准应当是自主的。简而言之，职业教育体系内的管理模式和建设成果能够为全社会所认同。现实的情况是：在劳动人事部门的序列中，一般只有专科、本科，而社会上相当一部分人连职高与高职都分不清，或者认为高职相当于大专，这就很难使职业教育具有真正的生命力和可持续发展能力。

(二) 现代职业教育体系应该是一个多元的体系

现代职业教育在功能定位上既是一种学历教育，也是一种培训教育。作为一种学历教育，它主要满足职业教育体系内部和普通高中教育学生对于提升学历层次、实现更高素质和能力拓展的需要；作为一种培训教育，它主要满足企业新进人员对于岗前专业技能适应和企业文化内涵理解，以及社会在岗人员对于顺应产品技术更新和行业发展趋势的能力提升需求。在具体办学形式上，它既可以是全日制教育，也可以是非全日制教育；既有面向适龄青年的教育，也有满足人民群众追求可持续发展、实现终身学习的教育；既肩负人才培养的重任，也具备科学研究和社会服务的功能。

(三) 现代职业教育体系应该是一个开放的体系

现代职业教育体系的开放性，主要表现在以下三个方面：一是学制学历设计灵活多样，没有终点、只有过程。既有短期培训的班次，又有长期学习的课程，能够适应不同层次的学习发展需要，满足人们对于终身学习的个性追求，适应不同阶段、不同地区、不同行业发展的要求。职业教育应该有中等、高等不同层次，在高职教育阶段有专科和本科层次。随着职业发展和技术进步，应该有职业领域的专业硕士、博士乃至博士后。二是专业设置和教育内容与经济社会发展保持同步。有什么样的新兴产业和新生职业，学校就应该发展相对应的职业教育，以行业兼职教师与"双师"型教师为主体的教学队伍更能将最新的知识和信息传授于学生。三是教育对象和培养人群向全社会人员开放，不论生源性质、不受地域限制、不问教育背景，只要有需求，都可以参加学习和培训，提升职业素养与专业技能。

(四) 现代职业教育体系应该是一个协调的体系

协调体系，主要是中等职业教育与高职教育相协调，这种协调主要表现在专业设置、课程体系、教材建设、教学过程、招生考试、教师培养、评价方式、行业参与等方面，通过培训达到在职业意识、能力和纪律方面的最佳状态，避免学生走弯路，造成人力资源和教育资源的浪费。除此之外，这个体系也应该是一个职业教育和普通教育协调发展的体系，能够通过一定的渠道相互衔接，构建起两种教育类型之间的"立交桥"。

三、高职院校在现代职业教育体系构建中的作用

在我国，高职教育是职业教育中不可或缺的部分。我国的高职院校建设已经有几十年的历史了，在其发展改革的过程中，已经积累了一定的办学实力，同时，在教学模式的设置上，也能够看出我国在高技能、高素质的应用型人才培养方面所下的功夫，各个院校的教学模式和内容设置都与人才培养需求相符合，在我国现代职业教育体系建设发展过程中，高职院校将发挥重要作用，主要表现为以下三个方面：

(一) 带头作用

不论是办学条件、师资力量，还是管理水平、管理理念，抑或在对外合作发展机制方面，我国的高职院校相比中等职业院校而言，层次都更高一些，办学实力也更强一些，在社会影响力及社会声誉方面更是远超中职院校。所以，我们在构建现代职业教育体系时，一定要充分发挥高职院校的带头作用，如在教材建设、课程体系、专业设置、师资培养、招生考试等方面，特别是在职教集团的建立、对中职院校的建设发展进行带动及和行业企业的合作加强方面，其带头作用更应当被充分重视和发挥。

(二) 主体作用

在现代职业教育体系中，高职院校应当是其中的主体力量。一方

面，在整个职业教育的发展过程中，在主体所能发挥的作用方面，高职院校具有更大的影响力；另一方面，在高职教育和职业教育"立交桥"构建的改革和实践过程中，高职教育发展的可能性和前景更加广泛。特别需要重视的一点是，经济社会一直在持续不断地发展，科技和生产力也在不断地进步，现代产业结构的升级进一步加快，越来越多的新技术、新工艺、新材料开始出现和应用，传统加工业将逐渐被替代或者发生改变，出现了很多的新兴产业，而现代服务业的发展速度也进一步加快，并逐渐超越第二产业，成为未来我国国民经济结构中当仁不让的主体。可以预测到，未来职业教育的起点将越来越高，基点也会得到提升，同时还将出现层次提高等情况，因此，不论是在数量上，还是在实力上，高职教育都会处于主体地位，成为主导力量。

（三）引领作用

在建设现代职业教育体系的过程中，高职院校将充分发挥引领作用，主要包括以下三个方面：

（1）在职业教育的理念和模式改革过程中，高职院校都应起到引领作用，走在前列，包括教育理念的革新、教育思想的转变、人才培养模式的变革、办学模式的改进等。

（2）在专业相关的内容变革中，高职院校应当充分发挥自身的引领作用，如课程体系的改革、专业设置的调整、教材建设的创新、教学内容的设置等。

（3）相对而言，职业教育这一体系是比较独立的，因此要对层次进行进一步提升和发展，使其适应社会的发展需求。除了本科这一层次之外，还需要对专业硕士这一层次的教育进行发展推动。在这一方面的建设中，高职院校也要充分发挥引领作用。在这一点上，北京、天津、上海、浙江、江苏、广东等经济比较发达的省市，已经在一些专业领域进行了先行实践和探索，如金融、计算机、国际护理、物流等专业领域，这些省市都已经开始对四年制的高职教育进行创新实践和研究，未来，这也是我国需要重点关注的内容和方向。

第三节　高职教育校企合作的可持续发展

一、校企合作概述

我国对于"校企合作"一词有着不同的表述，如产学合作、工学结合、产学研合作、校企合作等。目前，我国教育界和企业界主要有两种形式的校企合作：高等院校及科研机构与企业的合作；职业教育与企业的合作，包括高职、中职，以及其他各种职业培训机构与企业的合作。高职教育中的产学研合作有广义和狭义之分。广义的产学研合作是指以高职院校、科研机构和企业为主体，以政府、金融机构和中介机构等为辅助体，在市场经济条件下，按照一定的规则形成某种联盟进行研发合作，不断进行知识的消化、传递和转移，创造某种未知的需求和价值，以实现技术创新、社会服务、人才培养、产业发展和经济进步等功能；狭义的产学研合作指的是高职院校及科研机构与企业之间在人才培养、科研和生产等方面的合作。

职业教育与企业的合作也有广义和狭义之分。广义的职业教育校企合作指所有与职业教育相关的各类教育机构、培训机构与企事业单位的各种层次、各种方式的合作；狭义的职业教育校企合作是一种以提升学生的综合能力和就业竞争力为重点，利用学校与企业两种不同的教育环境和资源，通过课堂教学和学生参与实际工作的有机结合，培养适合不同用人单位需要的应用型人才的教育模式。其基本原则是产学合作，双向参与；实施的途径和方法是工学结合、顶岗实践；要达到的目标是全面提高学生素质，适应市场经济发展对人才的需要。[①]

（一）校企合作的重要意义

对教育和经济、科技的结合及促进人力资源向人力资本转变而言，

---

① 邓志新. 适应性背景下职业教育产教融合的模式与路径研究［M］. 长春：吉林人民出版社，2022.

职业教育发挥了不可忽视的作用。

1. 校企合作是职业院校与企业双方共同发展的需要

由于世界经济一体化的深入发展，不论是学校还是企业，都需要不断地强化自身实力，这样才能适应日益激烈的国际竞争环境，而通过校企合作，能够有效地提高学校和企业的竞争实力，因此这也是一个行之有效的方式。校企合作对于强化国内职业教育的办学实力而言具有积极的推动作用，并能够让师资和经费问题得到有效的缓解。

2. 校企合作是建设职业教育体系的基石

完整的职业教育体系包括的内容非常广泛，既有学历教育也有非学历教育，既有岗前教育也有岗后教育，既有脱产教育也有非脱产教育，同时还分为普通教育和成人教育等，这也是开放式社会化终身教育网络建设的重要方面。在社会经济不断发展的前提下，终身教育网络包括的内容将得到不断的丰富，所以也要充分发挥社会、学校、企业及行业等各个组成部分的优势和作用，强化教育网络体系的建设。

3. 校企合作是职业院校专业发展的需要

社会发展需要职业院校必须具备专业现代化的特征，这就要求职业院校在制订专业现代化的教学计划时能够对传统的决策水平予以突破，并综合院校内外部的优势条件来进行。因此，必须吸纳产业管理机构、企业行业协会、人力资源培训部门、生产管理第一线的专家参与，对经济及科技发展形势、专业发展趋势及就业形势等进行分析研究，与学校一起对专业培养目标、专业岗位知识要求、专业技能要求等进行论证，做出决策。

4. 校企合作有利于优化职业道德教育

职业道德教育是职业院校德育工作的重要组成部分。可以积极地鼓励学生参与到现代化企业中，对中国改革开放所取得的成就进行亲身的体验，并通过岗位实践来培养其良好的工作习惯和职业道德；教师还要注重自身起到的模范作用，培养学生爱岗敬业、艰苦奋斗的精神。

（二）校企合作的一般形式

1. 建立校企联动机制

校企合作的关键是寻找联动的结合点，否则难以形成合作。校企都有实施教育的条件和愿望，这为校企合作铺平了道路，为校企合作教学模式的引入扫清了障碍。对高职院校和企业而言，发展是关注的焦点。因此，校企合作的逻辑起点应该是发展。高职院校的发展主要体现在人才培养上，企业的发展需要人才。因此，人才是校企合作的结合点。要让高职院校与企业围绕人才培养开展合作，就应该建立有效的校企联动机制，包括校企合作的管理制度与运行模式，建立起以现代信息技术为依托的网络交流平台，畅通信息沟通渠道。

2. 规范校企管理模式

高职院校与企业双方合作或多方合作，必须以合同或协议的形式建立起具有约束力的办学关系，明确合作各方的责任和义务，保证合作的规范性与有效性。同时，应该高度尊重教育教学规则、大学生的特点及企业的实际需要，建立起以高职院校为主、企业参与为辅的教学管理制度，高职院校与企业共同商议并决定教学相关事宜，合理地安排各个教学环节，保证校企合作质量，做到规范性和灵活性的完美结合。在办学实践中，实行项目管理，即由高职教育主管部门与企业负责人共同组成项目管理小组，共同研究并制订人才培养计划、管理制度等，在具体的教学实施过程中，校企双方紧密合作，及时掌握教学情况。

3. 合理设置培养目标与教学计划

高职教育要培养适应生产、建设、服务、管理需要的，德才兼备的应用型高级专门人才。为了实现这一人才培养目标，需要制订一个较高层次的以技术应用能力为主线的人才培养方案，构建科学合理的课程体系，确定因材施教和学以致用的教学内容，开展与专业就业岗位相关的实践教学环节。因此，高职院校需要转变传统普通的高职教育教学的人才培养模式，建立起"学历＋技能"的专业理论课程和技能培训相结合的课程体系。

二、高职院校校企合作可持续发展的思路

(一) 形成持续创新的发展态势

持续就是延续和继续，创新就是以新思维、新发明和新描述为特征的一种概念化过程。那么，持续创新，顾名思义就是持续永久拓展的新思维、新想法。在校企合作中，这种持续创新主要体现在两个方面：一是创立校企合作机制，二是创新校企合作模式。

1. 创立校企合作机制

(1) 创立校企合作保障机制

政府主导是校企合作开展的前提和基础。首先，政府为校企合作提供了法律法规和操作依据，并对校企合作中的各方权利和职责予以明确，有利于校企合作的深入开展，并为其持续发展提供了环境和条件；其次，政府出台的相关政策也保障了校企合作的人力资源，如职业资格制度和职业资格体系的建立等都促进了人才的流动，为学校开展"双师"型教师队伍建设提供了便利条件；最后，专门机构的培育及牵头作用的发挥都需要得到政府的支持，这样才能实现校企的深入合作，同时政府还要进行权威信息的发布、育人标准的制定等，促进社会资源的共建共享。而且校企合作的评价监督机制、激励约束机制的建立也需要依据一定的法规政策来进行，这样才能更好地对其合作行为进行规范，确保双方的权益不受损害，可以充分发挥宣传的作用来获得更多的社会支持和认可。

(2) 创新校企合作运行机制

目前而言，学校是推动校企合作的核心力量，需要充分发挥其作用和优势。首先，要加强开放性教学体系的构建。在专业设置上要考虑和当地产业与岗位需求的衔接性，要结合理论和实践，注重课堂教学和实践实习、校园文化和企业文化的结合等，以便人才培养目标和社会发展需求相符。其次，为了促进校企合作的深入发展，需要加强校企合作评估体系的构建，并能够作为上级部门的评估依据，制订校企合作的发展

计划。最后，要强化校企合作服务体系的建设，在人力和资金上给予必要的支持，以促进校企合作的长远发展。为此，需要充分整合社会各界资源，汇聚社会、学校企业及政府等各方面的力量，协同发力以达成目标。

（3）构建校企合作内部能动机制

一是要在共同目标的作用下加强校企合作部门能动性的发挥。在服务区域经济目标的驱动下紧密联合学校、企业和政府，充分发挥其主观能动性。二是加强联动机制的建设。在校企合作中要采取并行联动的方式来促进资源的共享共建和人才共享等。三是加强全员终身学习机制的建设。其核心在于重视"双师"型教师队伍的建设，可以通过各种培训班和政府培训等方式，促进校企合作的长远发展。四是加强校企合作激励机制的建设，促进校企合作相关人员积极地参与到校企合作中，并给予相关的奖励。

2. 创新校企合作模式

校企合作各方的利益会随着经济形势的变化而变化，为此需要不断地调整校企合作模式。校企合作在发展中也会有不同的新鲜元素加入，从而为校企合作注入源源不断的活力。国内的校企合作还没有固定的模式，也未形成全国性的权威模式。所以，在校企合作模式的创新中要特别注意其和中国国情是否相符。现在，虽然我国也形成了一些成功的校企合作模式，但是在创新校企合作模式上却非常困难，要充分调动各个方面的优势和力量。

（1）提高政府、高职院校和企业参与校企合作模式创新的认识

应积极地宣传校企合作的重要性和必要性，让企业和行业都能正确地认识到校企合作所产生的重要作用，并让学校转变对校企合作的看法，将其看成一种长远的、能够产生回报的投资，其回报就在于为企业提供高效的人才资源，学校应以培养符合社会发展需求的人才为己任，促进国家职业教育的长远发展，逐步和国际教育接轨。

（2）加大政府支持力度

一方面，政府要对校企合作模式创新给予一定的资金支持，还可以

组织专项资金来促进校企合作模式的创新；另一方面，政府要积极推广和宣传校企合作成功案例，加强其模仿和引导作用。

（3）深化校企合作的理论研究

实践要想获得成功，就需要科学的理论作为引导，校企合作模式创新也是如此。而理论研究既需要职业教育领域科研工作者的努力，也需要相关部门和学校的支持，为科研人员提供良好的外部研究条件。

①需要合理科学地定位科研。从实际情况和需求出发，对科研的目标和方向予以确定，这需要科研人员来把握好这个方向，政府与院校只能作为支持者和引导者，这样才能确保研究方向的正确性。

②对科研的投入力度要进一步加强。科研投入不仅是指资金上的支持，更是人力和物力上的支持；不但学校要投入一定的人力、物力和财力，政府也要给予一定的政策支持。

③要合理地制定科研制度。一方面规范科研工作的开展；另一方面保障科研人员的权益，激励科研人员致力于校企合作的理论研究。

(二) 共建多方共赢的发展局面

校企合作中的各方包括了学校、企业、政府及学生等。这也是校企合作长远发展的核心因素，只有确保各方利益都不受侵害，才能实现共赢局面，才能有效促进校企合作的持续稳健发展。最大限度地提升学生的综合素质是学校的利益所在，获得知识和技能并顺利地走向工作岗位是学生的利益所在，促进教育事业的长远发展并为社会经济发展提供人力支持是政府的主要工作所在，而企业则需要通过引进高素质人才来促进企业的可持续发展。对各方的利益点进行分析可知，其具备一定的相同之处，即校企合作的主要目标就是培养高素质的人才，并满足社会和经济的发展需求。

1. 扬长避短，优势互补

从学校和企业的角度而言，双方的共赢不仅可以确保各自的利益，也是校企合作开展的基础。一方面，学校的环境优势非常明显，为人才培养提供了良好的实验设备和条件，也为企业提供了强大的支持；另一方面，学校的资金、实训基地和场地较为缺乏，和企业的合作则可以有效解决这一问题。为此二者的合作能够充分发挥各自的优势，形成相互促进、相互作用的合力，不仅解决了学校实习场地不足的问题，也为企业的科研注入了新的活力，促进了科研成果的转化，确保了双方的可持续发展。

2. 立足当地经济，服务社会发展

高职院校要依据企业和市场需求来设置专业，以便培养出来的人才能更符合企业和社会发展的需要。这是高职院校毕业生能够顺利就业的前提和保障，同时也是对社会需求人才进行培养的一个重要保障。这就需要高职院校做到：在设置专业时要根据企业和社会的发展需求来进行，并制订培养方案，加强人才培养的针对性和目的性，还可以进行自主品牌的创造，提高毕业生的竞争实力，帮助他们顺利就业；在设置专业时还要考虑到与当地产业结构特征的协调和统一，高效整合教学和科研力量，将学校技术优势充分地运用到当地经济发展中，并进行科研项目和技术开发，为企业排忧解难，从而保障企业和学校的利益。

3. 互惠互利，多方共赢

对各方的利益进行合理分配是实现校企合作共赢的一个重要保障。首先通过校企合作，学校为企业培养了大批高技能、高素质的应用型人才，这可以采用"冠名班""订单培养"等方式来进行；其次，政府可以制定各种政策法规，如积极参与到校企合作中的企业可以获得一定的税收减免政策，促进校企合作良性循环的形成；最后，企业可以借助学校的智力资源优势来进行科技成果的转化，从而节省大量的员工培养成本，为企业获得更多的利益，而学校则可以借助企业的财力资源和物力资源来促进人才培养质量的提升，并为学生的顺利就业提供条件。

（三）全面提升发展战略柔性

校企合作中战略柔性的存在是为了更好地适应目前社会发展和经济环境的一个重要举措。战略柔性是指不能较大幅度地改变目前的一个现状，只能持续地对现状进行微调。战略决定是在长期的校企合作中所形

成的一个合理的人力、财力及物力的配置情况,这是保障校企合作平稳长远发展的一个重要前提,柔性则包括了闲置资源的可利用性、潜在资源的可创造性和积累性、现有资源的灵活性等各个方面的内容,通过微调现有资源而非改变整体战略的策略就称为战略柔性。

1. 促进人才培养的超前性

"十年树木,百年树人",周期性是人才培养的一个显著特征,也是导致学校人才培养产生滞后性的一个重要原因。经济形势的时刻变化,促进了各种新兴行业的不断涌现,这需要学校在进行人才培养时高度重视前瞻性要求。在校企合作中,学校在培养人才时更需要把握企业和社会发展对人才提出的新要求,做好充分的准备,以便培养出来的人才能够更好地适应企业和社会发展需要。为此,学校应该对政策、行业协会等信息进行精准把握,并能够根据信息变化来相应地调整专业课程的设置,从而达到人才培养的前瞻性要求。

2. 积累和创造知识性资源

校企合作战略柔性的一个重要要求就是加强知识性资源的积累和创造。通过积累知识,能够在校企合作中更从容地解决各种突发情况,也能够让人才培养更好地适应不断变化的环境。而且通过知识积累,还能使各方有效地进行管理,并准确地寻求更适合校企合作发展的途径。所以,知识资源的积累能够提升校企双方合作的能力。当然,通过知识资源的积累,还能进行人力、物力和财力的更优配置。校企合作中,是利用学习与研究理论来实现知识资源的积累和创造的,而且高职院校是科研实力的前沿,所以在知识性资源的积累和创造中,高职院校也承担着不可推卸的责任。

3. 引导管理者学习

作为校企合作运行的主要组织者和决策者,校企合作管理者的水平和能力将对校企合作的发展和成效产生直接的影响。校企合作管理者不仅需要不断地总结经验,还需要不断地进行学习,并能够根据目前的社会环境和经济形势来调整校企合作策略,并体现出战略柔性的优势。对新知识要进行学习,加强自身知识体系的构建和知识容量的扩展,并具备一定的知识转换能力,为校企合作的稳健长远发展创造条件。学习和积累知识需要管理者自主完成,学校与企业也需要进行相关培训活动的组织和提供学习平台等。

4. 营造校企合作文化氛围

文化的一个显著特征就是群体共享性,它能够对群体的价值观念和意识起到自动调整的作用。若是没有促进校企合作开展的文化氛围,甚至营造了一个阻碍校企合作的文化环境,则将在很大程度上制约校企合作的顺利开展。在传统文化的重重阻碍下,校企合作的开展举步维艰,为此有必要抑制不良文化的影响,并加大力度促进实施校企合作的柔性战略。为了高效地解决这一问题,就需要结合政府、社会、学校及企业等各方面的优势和条件,促进校企合作观念的转变,重新审视其所带来的共赢局面,并积极地探讨和研究校企合作的发展模式。同时还要求企业和学校能够创新观念,正确地认识校企合作带来的有利作用,并将校企合作的可持续发展和自身的利益结合起来,从而提高技能人才培养的质量和效率。

第六章　高职教育的信息化发展

本章深入探讨高职教育信息化发展的必要性，详细解析现代教育技术如何推动高职教育信息化发展，并对高职教育信息化建设进行展望，旨在为高职教育的信息化转型提供思路与方向，开启高职教育发展的新篇章。

第一节　高职教育信息化发展的必要性

如今，随着人类社会进入 21 世纪，以计算机、多媒体和通信网络为代表的信息技术在全球范围内得到了飞速的发展。尤其是互联网技术的普及和应用，正在积极地驱动全球经济和社会的深度转型，深刻地改变着人们的生活、学习和发展模式。随着经济和社会信息化的快速发展，人才培养面临着前所未有的挑战，同时也为教育的飞跃式进步开辟了全新的可能。因此，教育信息化逐渐崭露头角，成为全球各国在经济和社会信息化方面最关键的领域之一。

一、教育信息化与学习方式概述

(一) 教育信息化的特征表现

1. 民主化

现代教育遵循的是全民教育的方针，受教育者更加广泛且平等。全民教育主要体现在两个方面：一是民主化，对全民而言，教育机会都是均等的；二是普及化，教育的普及程度决定了民主化是否能够顺利实现，义务教育制度的普及能够促进教育民主化的发展。

2. 终身化

终身化的教育需要从制度和理念两个方面把握，制度和思想的确立能够促进教育终身化向前发展。教育的终身化以终身教育的形式首次提出，随着人们对教育和学习认知的加强，逐步转化为终身学习的概念。这与教育为人们提供的客观条件密切相关，教育技术的发展使人们能够更加便利地学习，这是终身学习得以实现的有利条件。终身学习逐渐成为现代社会普遍认可的教育观，其本质就是教育观念的扩展。

3. 多样化

学习机会的多样化与教育现代化密不可分，现代教育技术的发展，包括多媒体、网络等的加入，使得学习方式向着多元化的方向发展，能够满足不同人群的需求，人们对教育也有了更多的选择。

4. 个性化

个性化教育成为目前教育改革的主流，它以学生为教育主体，合理地设置学生在教育中的角色，对学生的潜能进行挖掘，促进其发挥主观能动性，对创造性人才的需求是个性化教育的重要推动力。

5. 国际化

在全球化大趋势下，国际交流与合作成为全球共识，对国际化人才的需求也逐渐增长，因此培养国际化人才是未来教育的发展方向。与传统的封闭培养教育模式相比，信息时代对于人才的培养更为多元、开放。教育要与时俱进，全球化对教育产生的影响不可估量，在国际交流日趋密切的情况下，教育也在文化、社会、科技等方面参与世界交流，并不断进步。教育国际化的推进离不开现代教育技术的支持，教育技术的不断发展使得跨国教育交流、在线沟通联动等更为便利，教育模式也随之发生改变。教育国际化是全球化进程中的必然趋势。

(二) 教育信息化学习方式的特性

随着网络信息技术在全人类社会中的广泛应用，人们对于学习的观念也经历了深刻的转变。当代的学习方式以自我驱动、团队合作和探索为核心特点，并逐渐被视为学习的主导方式。通过多样化和多层次的学习方式构建一个开放的系统，旨在培育人的主观能动性和创新精神，从而促进人们的终身学习和可持续发展。在大多数情况下，现代教育的信息化学习方法主要具备以下六个显著特点：

1. 主动性

现代教育的信息化学习方式主要是为了培养学生的主动学习意识，这与传统的被动吸收知识方式有所不同。现代教育的信息化学习方式能够在学生的学习过程中激发他们的学习兴趣，并使他们承担起学习的责任。学生对学习的兴趣可以划分为直接兴趣和间接兴趣。当学生的学习过程受到直接兴趣的影响时，他们的学习效率会得到直接的提升，而当学生的学习成果受到间接兴趣的影响时，学习兴趣作为一种内在的驱动力，能够激发学生的求知欲，促使他们更加专注和持续地研究特定的学习活动，从而在心理层面上为学生带来愉悦和享受，进一步提升他们的学习质量。在学习过程中，学生的学习责任被视为一个关键的品质。如果学生能够把自己的学习、生活和成长紧密联系在一起，并承担起强烈的学习责任，那么他们就能真正实现主动学习的理念。让学生在学习活动中主动承担起他们应该承担的责任，从而实现有意义的学习。

2. 独立性

与传统的学习模式所带来的依赖性不同，现代教育的信息化学习方式展现出了其独立性的特点。具备独立学习的能力可以增强学生的判断力和责任感，从而提升他们的独立学习能力。每位学生都拥有自己独特的思维方式，而现代教育的信息化学习模式鼓励他们在学习中展现出自主学习的能力，以满足他们的独立学习需求。如果在教学活动中仅仅集中于学生的知识吸收水平，而忽略或否定学生的自主学习能力，这只会导致学生思维能力下降和独立性的消失。

在教学过程中，教师应高度重视和培育学生的独立思考能力，通过应用不同的学习环境和教学策略，激励学生进行独立的思考和学习，以充分激发他们的自主性，并提升他们的自主学习能力。学习的旅程是一个不断进化的旅程，教育者应当紧跟时代步伐，努力培养学生的独立思维和自主学习能力，逐渐从单纯的教学转向真正的学习，从完全依赖学习转向真正的独立学习。在实际的教学活动中，教师的角色应该逐渐减弱，从传统的传授知识与解答疑惑转变为培养学生的全面素质和能力，使学生在学习过程中能够实现完全的独立性。

3. 独特性

每位学生都是独特的存在。由于内部的性格差异和外部环境的作用，使他们具有不同的情感、精神和内在世界。他们的思考模式和观察视角也各不相同，这使得他们在学习过程中展现出自己的特点，并形成了自己的独特学习方法。

每位学生都拥有他们独特的性格、独特的学习方法和行为模式。在教学活动中，教师有责任为学生创造个性化的学习环境和发展机会，同时也要保护每一名学生的个性和独特性。学生在学习过程中的独特性主要体现在他们的认知基础、情感准备和学习能力上的差异。面对相似的学习内容，不同的学生表现出各自的特点和接受程度，这使得他们在学习时间、学习效率和所需的教学支持上存在显著的差异。当代的教育数字化学习方式高度重视每位学生的独特需求，并视其为教育资源开发的核心，充分激发学生的主观积极性。

4. 问题性

以问题为导向的学习方法，只有当问题出现时，学习动力才会随之增强。在进行科学探究和学术讨论的过程中，问题的存在促进了研究成果的形成，同时学生也在不断地吸收知识和发现问题的过程中逐渐提升自己。逻辑被视为思维的基本法则，掌握逻辑思维可以帮助我们更深入地理解事物的核心规律，从而提高分析问题的能力。逻辑思维的形成依赖于不断地提出和解决问题，培养固有的思维意识，积累丰富的知识储备，并推动新的思维方式、知识和方法的诞生。因此，在当代的教育实践中，我们应当更加重视对学生问题意识的培养。

从现代教学理论的角度看，学习活动的出现主要源于问题的产生。这些问题能够激发学生的学习积极性和好奇心，促使他们更加深入地思考已经学到的知识，并在对知识有充分理解的基础上，去探索新的问题和发现新的问题。

现代教育的信息化学习方法强调了问题意识在学习过程和个人成长中的核心地位。这种方法旨在培养学生的问题意识，确保学习与问题之间的紧密联系和相互推动。学生可以在学习中发现问题，并在这些问题中找到解决方法，从而在学习过程中不断地提出问题和解决问题，进一步促进学习的持续进行。

学生需要培养问题意识，能够真实地处理学习过程中遇到的各种问题，从而提高他们的感知能力和思维能力。这将有助于学生形成积极研究、勇于探索和追求真理的学习态度，激发他们的学习热情和思维灵活性，形成创新和创造性的思维模式，包括辩证思维和求异思维，从而提高他们综合分析和解决问题的能力，促进他们的健康成长和发展。

5. 合作性

合作是所有事业取得成功的关键。在教学活动中，教师应当注重培养学生的团队协作精神，并在完成教学目标的过程中，努力将学生塑造成合格的社会主义事业的建设者和接班人。拥有合作精神不仅可以在学习和生活中共同解决问题，还可以通过学生间的合作学习，让他们深刻理解人际交往中应遵循的原则。通过团队间的合理分工，可以实现共同的学习目标，充分发挥合作学习的最大效率，并在相互合作的过程中加深同学之间的感情。

6. 体验性

体验是指通过实际体验和实践获得的深刻感受，那些通过直接体验和接触得到的事物，能够在我们的大脑中留下更为真实和深刻的记忆。对学生而言，通过对文字知识的深入体验，他们可以从生理、人格和情感三个维度对知识有更深入的认识，而不仅是简单的、肤浅的理解，这有助于学生在掌握知识的过程中，实现全方位的成长。对于现代学习方式而言，体验性是最明显的特点。

(1) 现代教育信息化学习方式的体验性重视身体性活动的直接接触

学习的过程不只是在大脑中构建简单的文字印象，也不仅是用大脑进行思考，它涵盖了听、说、读、写等多个方面。通过直接的体验和感悟，学生可以逐渐理解、掌握和拓展知识。这不仅激发了学生学习的积极性，还让他们在实际体验中反思自己的知识，从而在知识和情感上都得到提升，进一步促进了学生的健康发展。显然，在这一教学过程中，教师应该激励更多的学生参与体验式学习，并高度重视实践、探究和操作的关键角色。

（2）现代教育信息化学习方式的体验性强调直接经验

只有通过亲身体验和实践，我们才能从直接经验中获得真正的知识。在教学过程中，教师应当指导学生从教科书中进行自我认识和解读，以获取直接的学习经验。同时，教师还应尊重每位学生的个性特点，认为有效的学习方法都是有其独特性的，并且学生对知识理解的个人感受也会有所不同。在课程设计方面，教师应当灵活地将学生的日常生活、基础概念和直接体验整合为教学资源。在学习的过程中，我们应当高度重视学生的直接体验，将来自他人的间接经验进行有效整合，使其转化为直接经验，从而提升学生的整体素质，并充分展现出教育与培养学生的核心价值和对个人成长的推动作用。

关于上述所描述的现代学习方法，它们之间存在着相互的融合和联系，共同构建了一个有机的整体。因此，在挑选适合学生的学习方法时，我们应当深入理解现代学习模式的独特性质。

（三）教育信息化学习方式的转变

1. 从图书馆查阅转向互联网搜索

伴随着互联网技术的飞速进步，网络时代已经渗透到人们的日常生活中。通过网络技术，信息的传播、交流手段与资源获取变得更为便捷和高效，这对人们的学习和生活习惯产生了深远的影响。通常情况下，学生在阅读专业资料、学习课程资源、制作作业素材和参考文献时，主要依赖于网络数据库和官方网站等资源，而不是直接在图书馆进行现场查阅。这样的变动对于学生主要带来了以下三个方面的影响：

（1）计算机拷贝文字影响学生的创新创造能力

借助网络信息技术，我们不仅能够获得大量的信息资源，还能迅速地选择和复制所需的文字,无须再次在键盘上输入。这为学生完成课程作业、制作相关作品及完成考试论文提供了一种便捷的方式。教师在查阅和批改作业时,可以轻易地看到通过文字复制后留下的各种痕迹,例如字体的混乱和背景的灰色。

在网络平台上发布的各类查重检测系统旨在解决论文与文章中频繁出现的抄袭和高重复率问题,从而减轻这些问题对学术界造成的不良影响。通过在大学生的期末考试成绩中加入日常成绩,我们能够纠正期末考试可能出现的问题。学生的日常成绩通常涵盖了小论文和日常作业等内容,他们可以复制或组合在网络上找到的相关文本和段落,以满足教师布置的作业需求。这样的学习态度不但未能取得预期的教学效果,还可能导致学生在反复复制和粘贴的过程中失去他们的独立性和创新精神,使他们在学习中无法提出疑问,也无法深入掌握所学的知识。然而,对于学生这一年轻群体来说,他们的求异精神和创新能力是无法估量的。近年来,网络上流行的词汇如"甄嬛体"和"淘宝体"都是年轻人的创新之作,但这些流行的词汇很快就消失了。造成这种情况的主要原因在于创新的基础并不稳固。尽管这些流行的语言形态新颖,容易在互联网上成为流行趋势,但由于缺乏丰富的文化内涵,它们并不能完全呈现知识的深度。此外,通过在网络平台上直接复制和重新组合,可以吸引更多的追随者进行创作,这种方法与学生复制文本来完成作业的方式是一致的。在网络的浮躁风气中,学生很容易跟随潮流,思维方式变得同化,这对他们的创新意识和创新能力产生了不良影响。

(2)网络读图时代的到来,对学生理解文字、使用文字产生影响

随着科技的飞速进步和社会的持续发展,用户现在不仅可以浏览相关的文字和信息,还可以通过高清图片或视频迅速获取所需的信息。互联网平台推出的图片阅读功能可以迅速吸引大量的读者点击阅读,这种视觉冲击可以在大脑中迅速构建出相应的场景,从而增加体验的深度。这种行为进一步推动了读图时代的到来,使得互联网展现出流行化、娱

乐化、普及化和大众化的特点。

在这样的学习环境中，学生逐步被同化，更多地依赖于简单和直观的图像认知，而逐渐忽略了深刻和经典的文字形式。这种趋势不仅导致越来越多的学生提笔忘字，甚至可能连他们日常使用的文字都无法识别。此外，互联网上广泛采用的拼音输入法无疑会对人们在文字应用方面产生长远和深刻的影响。显然，这种情况是有可能发生变化的。中央电视台主办的文字听写节目《汉字英雄》是一项由相关媒体和学者组织的活动，旨在反思这一现象，并引发了社会对文字应用方面的深入思考和高度重视。

显然，图像阅读时代的兴起并不是负面的，这种流行的快餐文化特别适合那些生活节奏快的人群，因为它能帮助他们迅速地获取所需的信息和知识。尽管如此，在当代快节奏的生活背景下，我们仍然需要高度重视文字的使用价值，重视经典和原著的阅读，以提升我们的阅读技巧和对文化内涵的深刻理解。面对这种情况，现代大学生更应该通过阅读来提升自己的能力。

(3) 网络普及带来的浅快阅读对学生的逻辑思维能力产生深远影响

随着生活节奏的加速，大部分人的阅读习惯和方式都发生了显著的变化。我们已经进入了浅阅读的时代，并通过标题式、跳跃式和搜索式的阅读方式来实现阅读目标。这种方法减少了阅读的复杂性，同时也影响了人们的思维能力。学生阅读的主要目标是为了拓展他们的知识领域和完成学业，而这通常是一种快速且浅显的阅读方式。这种以视觉、网络和娱乐为导向的阅读方式，对学生的逻辑与批判性思维的塑造和成长带来了不利的影响。

通过阅读，我们可以扩大自己的知识边界，并激励学生去构建他们的精神领域。为了促进学生的健康成长，我们需要确立一个健康的阅读观念，高度重视经典文献、文本和原著的阅读，减少对网络知识的依赖，并推动他们朝着研究和知识导向的方向前进。

2. 从现实的讨论转向虚拟的交流

在计算机网络中，学生之间的交流是基于虚拟、平等、间接和自主的原则，他们通常通过网络平台进行互动交流，并逐步影响他们的学习方法。通过运用互联网技术，学生不仅能够广泛地获取学习资源和材料，还能突破时间和空间的限制，在多种网络平台上进行知识、问题和信息的交流。此外，这种方式还能完成特定课题的讨论和分析，不仅方便了双方或多方之间的快速沟通，还能显著提高学习、研究和分析问题的效率。此外，随着网络信息技术的广泛应用，更多的课程信息被整合到互联网平台中，从而达到资源共享的目的。学生有机会通过网络工具接触到全球各地的高质量课程资源，并有机会在特定的平台上向教师和专家提出疑问，以便进行相互的交流和沟通。显然，在实际的教学环境中，人际交流的优越性是网络教学所无法匹敌的。

3. 从找寻信息转向辨别信息

学生在使用网络时产生的不同影响有两个主要原因：其一是网络的硬件和软件条件存在差异，其二是网络的使用能力存在差异。网络在使用过程中所带来的负面影响，主要源于网络使用效率的不同。网络作为一种新型媒体，因其便捷高效和资源丰富的特点，赢得了广大民众的喜爱，实现了与报纸、杂志等传统媒体的优势互补。从这一点可以明显看出，网络的广泛应用极大地加速了信息和知识的传播速度，成为未来媒体形态和发展的基石。当然，在新型媒介的背景下，网络的兴起、普及和发展并没有改变传统媒介的地位。传统媒介的可保存性等优势是新型媒介无法超越的，特别是纸质媒介，学生可以利用它来深入、系统地整理他们所学到的知识。

通过应用网络信息技术，学生能够方便快捷地搜索信息。只须简单点击，就能在网站上找到各种相关信息并找到相应的结果，甚至可以通过网页上的超链接直接指向目标网站。这种方法有效弥补了传统媒体在寻找学习资源方面的不足，减少了大量的查找时间，从而提高了学习效率。当然，尽管新兴媒体为学生提供了便利，但网站上发布的各种不相关的信息与广告也让学生在识别有价值的信息时投入了大量的时间和精力。

二、高职教育信息化的主要内容

（一）高职教育信息化的界定

高职院校的信息化教育是一种在现代教育观念和理论框架下，主要利用先进的信息技术手段，以开发教育资源和优化教学流程为核心目标，旨在培养和提升学生信息素养的新型教育模式。高职院校的信息化教育实质上是电子化教学，也是信息化时代下的电子教育。高职信息化教育是指以现代化信息技术为基础的教育形态。[①] 高职信息化教育是在教育科学理论和信息科学的指导下，以现代信息技术应用为核心，以教育信息化和信息科学技术为基本任务，以培养高素质人才为根本目的的教育教学过程和表现形态。

通常情况下，人们很容易把"教育信息化"与"高职信息化教育"混为一谈。尽管这二者都与现代信息技术有着紧密的联系，但它们在本质上也存在显著的差异。在高职院校中，信息化教育被视为一种创新的教育模式，它是基于现代信息技术构建的，并代表了教育与信息技术融合后的新的展现方式；教育信息化描述的是信息技术在教育领域的应用，它代表了在教育实践中对信息技术的广泛推广和应用，是教育与信息化紧密结合的体现。然而，这二者之间也有某种程度的相互关联，例如推动教育信息化不仅能加速高职院校在信息化教育方面的实施，而且高职教育信息化的推进也会对教育信息化的整体发展产生积极作用。

（二）高职教育信息化的要素

1. 硬件

硬件就是要建立起支撑高职教育信息化的硬件平台，硬件平台实际

[①] 祝智庭，魏非. 教育信息化2.0：智能教育启程，智慧教育领航［J］. 电化教育研究，2018（09）：5—16.

上在高职教育信息化的过程中承担着物理硬件载体的角色。要想实现教育信息化，高职院校必须做好信息化设施及设备的建设工作，为教育信息化打好物质基础，这些建设项目需要投入大量的资金。这些硬件平台包括多媒体设施、校园网、电子阅览室等。

2. 软件

高职教育信息化获得的效益，可以直接通过软件资源环境来得以体现。各种应用软件平台都存在软件资源建设的不同表现。软件平台建设包括的范围较广，如自动化办公的虚拟环境、线上的实验环境、多媒体的学习素材、用于教学的自动化管理系统等。有了这些软件环境，教师的教学效率将得到明显提升，学生的学习能力也能得到很好的培养。

3. 人才

高职教育信息化建设过程中需要大量技术人员的参与，要将高科技的网络技术同专业知识整合在一起，其中还需要教师的共同参与，不仅需要有信息化管理与建设的专业人才队伍，还需要有善于运作信息化教学的教师队伍。学校不仅要吸引专业人才加入本校的信息化建设队伍，而且还要加强对教师的培训，要督促教师学习现代教育理论、新的教学方法、前沿信息技术，并提高教师运用信息技术的能力。

(三) 高职教育信息化的特征表现

1. 数字化融入教育

信息时代实际上也就是数字时代，现代人的生活因为计算机的出现而发生了彻底的改变，教育中的数字化是指将数字化的内容及方法引入教学手段、内容及方法中来，在教学中尽可能多地以计算机作为媒介和辅助。过去传统的信息传递方式及载体目前大多已经被数字资源及数字信息方式替代，尤其在教育领域，这种趋势更加明显。

2. 网络化融入教育

进入信息时代以来，信息网络成为一种发展最为迅猛的信息技术，这种形势对教育改革产生了巨大影响。过去师生面对面开展教学的方式，大部分已经被网络教学所替代，各种信息资源可实现共享，学习在时间与空间方面所受的限制越来越少。

3. 智能化融入教育

目前，教育领域已经越来越广泛地使用现代信息技术，智能化工具的普及，不仅提高了教学效率，也使教育的成效越来越明显，令高职教育的智能化水平不断提升。教育技术智能化指的是在高职院校的教学过程中，各种智能工具、科技手段及信息技术越来越发达，有的甚至已经能与人工智能相媲美。

4. 共享化融入教育

共享化指的是在信息技术快速发展的大背景下，教育领域越来越多、越来越广泛地将各种资源及先进技术进行分享。各类局域信息网及通信设施为这种教育方式提供了设施上的支撑，世界上的各种信息被汇总成为信息的海洋，教师和学生不论身处世界何处，都能享用网络上的这些学习资源。传统教育中的各种壁垒被打破，教育资源开始被共享，走向了开放。

（四）高职教育信息化的目标

高职教育的信息化特点包括多个领域的覆盖、多方面的融合、多层次的渗透和多环节的配合，它是一个包括教育、教学和管理在内的复杂系统。这一系统的构建不仅是一个以教育为中心的基础技术项目，也不仅是常规的教学工具和方法的应用，更重要的是，在确保其基础设施、信息资源、技术人才、应用系统和保障体系等方面的信息化建设的同时，尽可能地减少系统内部的不利因素，利用这些因素的正面影响来提高教育工作的效率，并为现代素质教育提供更好的服务。与此同时，教育信息化也代表了一种观念的刷新，它为教育领域的进一步改革提供了方向，并促进了教学实践中的实践性创新。在全球高等职业教育信息化的大潮中，逐渐构建了一套既具有中国特色又符合中国实际情况的新型教育信息化体系，这不仅是广大人民群众的深切期望，也是教育改革应当追求的目标。

1. 深化"全民教育"与"终身教育"理念

教育的最终目的之一，是实现对学习者自主学习能力的培养，让个体有意识地接触自己感兴趣的或自己需要的学习内容，并有能力在海量的信息中筛选出适宜的学习材料进行学习。这种学习能力是再教育和终身教育的前提，作为上层建筑的高职教育，也应当明确这一点，在社会化服务的过程中让更多人获得该能力。在万物互联的信息化时代，传统的院校教育已不再是大众学习的唯一途径，互联网网络教学的出现更是模糊了"学校"的边界，让学习不再受限于特定的时间和空间。信息化教育应当充分发挥互联网资源丰富、即时共享、开放性强的优势，拓展学校教育的外延，为更多人利用互联网教育资源进行学习，实现全民教育和终身教育提供保障。

2. 积极发展现代远程教育

现代远程教育，是在现代计算机信息技术的基础上发展出的、区别于传统教育方式的一种新兴的、顺应时代潮流的教育方式。现代远程教育作为一个平台或一项工程，有效地整合了多元的教育资源，让学习者可以在这里发掘学习兴趣、接受在线教育、实现终身学习。科学技术的迭代和社会的快速发展，使21世纪的社会分工日益细化，岗位要求越发严格。这种变化要求人们通过不断学习来获得更丰富的知识储量与专业技能，以适应社会的变化，并更好地实现自我发展、创造职业价值、提高物质与精神生活水平。

3. 大力培养信息化人才

21世纪的竞争是人才的竞争，大到社会经济的发展，小到行业竞争的角力，人才都是最为关键的"软实力"体现。教育信息化的一大要义便是通过信息化的教育方式，培养具备信息化意识，掌握信息化操作，熟悉信息化管理的相关人才。一方面，这样可以提高就业者的自身素质，获得更多工作机会；另一方面，这也是目前维护国家安全，满足各行业尤其是党政机关部门、社会公共服务部门及科技企业人才储备的客观要求。信息化专项型人才、复合型人才的培养，还需要多方合力，共同营造出一个有利的人才培养氛围。

4. 积极发展信息产业

知识经济是以知识为基础、以脑力劳动为主体的经济。教育和研究开发是知识经济的主要部门，高素质的人力资源是知识经济的重要资源。这种经济模式不仅孕育出一批新的以知识付费为变现手段的商业运营模式，也极大地推动着信息的产业化发展。高职院校凭借自身的智库优势，正以其独特的方式参与到信息产业的发展中。例如多数高职院校具有高水平的科研队伍，并享有大量的学术论述及发明专利成果；有开阔的国际化研究视野和海外合作渊源；学界和业界之间天然的双赢互利空间；国家和地方为高职院校人才提供的宽松政策环境等。在这些因素的共同作用下，信息产业正逐步成为当前经济增长中最活跃的因子，为社会创造出更大的产能和产值。

三、高职教育信息化发展的思路

一些人对教育信息化持有疑虑，他们认为尽管教育信息化已经实施多年并得到了国家的大量资金支持，但教育教学仍然主要依赖于传统的班级集中授课方式，并没有带来太大的实质性改变，计算机与网络仅仅成为学校的装饰和展示工具。考虑到信息技术在新经济中的显著影响及大中型企业在信息化方面的成功实践，信息技术的重要性不言而喻。尽管信息技术在经济领域有着显著的影响，但其在教育领域未能充分发挥其潜在功能的主要原因在于：信息技术作为一种科技，无论多么先进，其本质仍然是一种工具。尽管它具有巨大的发展潜力，但这种潜力并不能直接转化为实际的推动力。只有消除科技转化为生产力的障碍，满足其前提条件和并行条件，当使用者以极大的热情和正确的方式将科技应用于实践时，潜力才会显现出强大的影响力。

大中型企业在信息化方面取得成功，至少有三个关键因素：由信息化引发的全球市场扩张和巨大的利润潜力对企业具有显著的吸引力；企业固有的特性，如扁平化的网络组织结构、敏捷快速的运营机制、跨领域的多元化团队合作，以及注重"变革"和强调"创新"的企业文化，都与信息化的发展潜力高度一致；决策者对企业的信息化再造给予了极高的关注，他们在研发过程中投入了大量的人力和物力资源，从表面应用扩展到更深层次的应用，从简单的应用扩展到复杂的应用，并成功地从失败走向了成功。多年来，高职院校一直受到事业性质和财政投资的保护，其自由自治的管理模式导致了组织结构的松散和系统的超稳定性，这经常导致对社会发展的滞后，当然，教育信息化的自然形成是不可能的。

地方高等职业教育的信息化成功是有其前提条件的。除了外部因素（如教育市场对教育信息化的强烈需求、信息技术对教育信息化的强力支持、国家政策对教育信息化的积极引导、社会文化背景对教育信息化的支持）外，更为关键的是内部条件。公司的内部条件涵盖了决策者与执行者的思维方式和价值观念，以及人力、财务、教育资源、技术设备状况，还有组织管理结构和工作流程机制。推动教育的信息化进程是一个综合性的项目，这可以从组织管理的视角提供一个整体的策略框架。

（一）构建教育信息化思想基础

教育政策制定者与实践者对于教育信息化的观点和看法，已经成为影响教育信息化进展和方向的关键因素。对于高等职业教育的教学信息化价值的评估，将深刻影响公众对教育信息化的看法和驱动力。因此，确保学校成员深刻理解高职院校所面临的挑战，并清晰地了解教育信息化的现状、未来趋势及其产生的背景是至关重要的。我们需要召集所有成员共同探讨教育信息化的目标与发展的重要性，分析其对教育信息化进程的影响，研究与成员之间的利益关系，以及谋划推进教育信息化的策略和方法。指导团队成员在思考问题时，应充分运用逻辑和辩证的思维方式，以避免盲目地过度热情，同时也要努力克服对问题的恐惧和悲观态度。

构建教育信息化思想基础要理清以下三个问题：

1. 必然性

信息化作为历史潮流是不以人们的意志为转移的，抵抗或回避无济于事，必须充分重视并应对挑战。地方高职院校立足于地方，以高职教育大众化、建立终身教育体系和学习型社会为主要任务，基于这样的职能定位，开展教育信息化成为其必然要求。

2. 可能性

地方高职院校本身孕育生长于市场经济，主观上具有较强的市场意识，客观上与地方各界及社区有着千丝万缕的共生关系，具有开展教育信息化的可能性。

3. 利益性

教育信息化的确给教师和管理者带来了压力，但也带来了提高素质、发展能力的机会和动力，技术只能服务于人，永远代替不了人。同时，学校开展教育信息化也要以人为本，不但要重视学生的发展，还要重视教师与管理者的教学、科研和专业的一体化发展。鼓励将个人发展目标与学校发展目标统一起来。

通过师生员工广泛参与学校的教育信息化决策讨论，促进他们的态度和价值取向朝着信息化的方向转化，提高他们的心理承受能力，从根本上建立支持教育信息化的群众性思想基础。

(二) 坚持实事求是，研究与实验先行

许多学校教育信息化失败的原因之一是贸然推进，没有经过充分准备和研究实验。地方高职院校的教育信息化必须谨慎行事、求真务实，必须进行预见性的可行性判断。原因有四点：

(1) 教育信息化发展的成本投入大，技术发展迅猛，因此要时刻关注教育信息化发展的动态，冷静分析发展过程中面临的问题。

(2) 不同高职院校之间差异化较大，因此，要形成自己的发展道路。

(3) 信息技术本身具有两面性，在发展过程中要合理地规避负面影响，大力弘扬正面效应，实现其效能。

(4) 教育信息化自身具有复杂性，涉及学科门类多、覆盖领域面广，因此教育信息化发展必须进行充分的实验研究，为综合性信息发展打下良好的基础。

教育信息化发展的实验研究要注意以下三点原则：

(1) 实事求是，以解决问题为中心。在发展过程中充分联系学校自身情况，重点针对发展中面临的具体问题，坚持实验研究与具体操作相结合。

(2) 充分动员，取得群众的支持。在发展过程中要做好宣传动员工作，与群众合作，与相关领域专家合作，建立指导、学习、研讨三合一的发展机制，营造宽松的研究氛围。

(3) 科学立项、规范管理。高职院校要提前将信息化教育纳入科研项目，进而对相关的研究与实践进行规范化管理。

教育信息化的研究实验不仅是一个实事求是的过程，也是一个解放思想的过程。通过研究实验得出的结论最具说服力和凝聚力，有利于争取更大群体对教育信息化的支持与参与。我们应当坚持解放思想与实事求是的结合。

(三) 确保信息化协调有序

教育信息化发展的成本投入大、运行时间长、运营难度大，在不同的运行环节有着各式各样的制约因素。因此，在实施过程中科学的领导、规范的管理有着十分重要的意义。

高职院校在推进教育信息化的过程中，必须在国家或地方的整体发展策略指导下，确保与学校的发展目标和实际状况紧密结合，制订的发展计划需要在科学性和实用性之间找到一个平衡点。我们必须构建一个强大的教育信息化的领导组织结构，并确保"一把手工程"的实施。学校应当建立一个教育信息化建设委员会，由学校的高级领导领导，按照学校的整体建设策略和发展方向，全面指导学校的教育信息化进程。信息化工作组是委员会的一个下属部门，专门负责组织和执行信息化相关的任务。我们需要建立一个自上而下的信息化组织管理体系，其中包括管理部门、教育系统、学术研究机构及技术支援部门的参与,以确保整个学校的工作流程能够顺利进行。学校教育信息化发展的规划与管理要坚持如下五点要求:

1. 坚持协调发展原则

在发展过程中软硬问题齐头并进,人力资源和物力资源的投入并举,基础设施的建设和应用并重,要实现软件、硬件的协调。坚持信息化教学与信息化教师人才培养协调、科研与应用协调。

2. 坚持重点攻坚原则

在发展过程中,高职院校要根据本校的基本条件、发展特点和地方经济发展的要求,确定合理可行的重点发展项目,进而合理地组织力量进行重点攻关工作,实现以点带面,推动整体项目的发展。

3. 坚持可行性原则

在发展过程中,高职院校切忌好高骛远,在技术选择方面要充分考虑高职院校自身的特性,不可一味求新,要重视项目的可行性和效益转化,坚持走高效益、低能耗的发展之路。

4. 坚持循序渐进原则

在发展过程中切忌贪多贪快,要尊重事物发展的客观规律,充分认识到教育信息化发展是一个循序渐进的过程,要分阶段进行,保证每一个阶段都稳步前进。

5. 坚持弹性发展原则

信息化发展有着技术发展自身所带的难以预测的特点,因此在发展过程中必须实行弹性发展,保证发展具有可兼容性和可替换性,切忌在错误道路上执迷不悟。

(四)保障信息化资金投入

教育信息化的建设不仅需要大量的资金投入,而且其建设周期相对较长。仅仅依赖政府的财政支持是不足以在短时间内完成这一任务的。因此,在开始教育信息化建设之前,解决资金问题是至关重要的。鉴于高等职业教育的信息化本质上是一个巨大的商业领域,充满了无尽的商业机会，这使得国内外的IT公司和金融投资机构对其产生了浓厚的兴趣，他们希望用当前的资源换取未来的长期利益。因此，对地方性高职院校来说，他们应该开放思维，拓宽视野，从市场经济的角度来管理大学，寻找可以帮助高职院校提升办学质量的合作伙伴，采用灵活的合作方式，形成多样化的投资渠道，并将市场机制融入办学过程中。高职院校不仅有能力主动吸引各种资金用于教育信息化的投资，还能有效地管理教育信息化的各种成果，并积极地参与到教育信息化产业的运营和管理中。

（五）创设信息化应用基础

教育信息化环境主要由三个核心部分组成：教育信息化平台、教育信息化资源和教育信息化工具。教育信息化平台主要由构建信息化基础设施的各类硬件平台和软件管理平台组成。教育信息资源主要包括以下几个方面：图书和情报信息、动态综合信息、法律法规管理信息、多媒体教学资源等。教育信息化工具主要分为两大类：一类是软件工具，涵盖搜索引擎、网站链接和应用程序等；另一类是策略和方法工具，涵盖思考方式、操作方法、管理哲学、管理方法、设计方法、教育模式和学习方法等。在信息化的背景下，平台是基石，而资源是核心。当我们开发和利用这些信息资源并与其互动时，这些工具可以为我们带来巨大的帮助和支持。

（六）将信息化融入教育改革

通过分析信息技术的概念，得知物质的基本属性之一就是信息，将物质的信息属性进行多媒体化、网络化、虚拟化及数字化的开发与利用，这个过程就是信息技术的形成过程，它能够令物质的各种信息表征变得更加方便、更加智能、更加快捷、更加清晰。所以，信息技术的根本属性就是应用，只有在事物及物质结合的应用过程中，信息技术的意义、潜力及创造力才能真正显现出来。

教育信息化的内涵主要包括：教育信息化不是一蹴而就的，而是一个循序渐进的发展过程,是教育改革为现代化技术所推动的过程,所以,应用是教育信息化的落脚点。在教育信息化所构建的系统当中,教育信息化有一个核心,那就是应用,我们必须围绕应用这个核心,将教育信息化融入教育改革中去。

第二节 现代教育技术与高职教育信息化发展

一、现代教育技术与管理

(一)技术与教育技术界定

1. 技术

技术是一个历史范畴,随着社会的发展其内涵也在不断地演变。一般而言,现代意义的技术是指人类在利用自然、改造自然及促进社会发展中所采用的各种活动方式、手段和方法的总和。它包括实体形态的技术和智能形态的技术两大类。实体形态的技术主要是指以生产工具为标志的物质性的技术要素,如工具、设备等,是物化的技术,是有形的技术;智能形态的技术主要是以技术知识、方法、技能技巧为特征的技术要素,是无形的技术,是观念形态的技术。智能形态的技术又可细分为知识形态的技术和经验形态的技术。知识形态的技术指的是解决某类问题的系统理论与方法,它可以脱离个体,以知识形态独立存在;经验形态的技术是解决某类问题的技能与技巧,它以经验形态存在于个体,不能脱离个体。

对"技术"一词的这种定义比较全面、深刻。技术的重点在于工作技能的提高和工作的组织,而不是工具和机器。

2. 教育技术

教育技术属于技术的一个子集,它涵盖了物质和智能两个方面,是人们在教育实践中得到的,包括方法、技能、经验和物质工具。物化与智能代表了教育技术的两个独特领域。物化技术为教育提供了必要的实际工具，范围从传统的粉笔和黑板，扩展到智能化的计算机、卫星和软件，还涵盖了某些学科所需的设备和工具；智能技术源于教育实践的经验，它总结了各种方法、知识和内容，其中也包含了深刻的思想观念和理论基础。教育的进步是由智能技术所驱动的，它构成了教育的关键部分，并依赖于物理和化学技术来传播这些内容。

由此可见，教育技术是教育中的技术，它既不是对全部教学问题进行研究，更不是对所有技术进行研究，而是遵循教育规律，研究如何采用技术手段和方法解决教育教学中的有关问题。

（二）现代教育技术

教育技术下还有子范畴，现代教育技术就是其中之一，现代二字明确区分了二者的不同。教育技术伴随人类至今，经历了长期的发展，贯穿整个人类史，从最初的口耳相传到后来的文字记录，再到现代的多媒体技术、虚拟现实技术。教育技术的发展走到今天，出现了未曾有过的样貌。现代教育技术就是指当代出现的信息化电子技术引领的现代化教育设施、教育技巧、新的经验和应用方法等，包括投影仪、录音录像设备、互联网等。

在我国"教育技术"这个术语普遍使用是在 20 世纪 90 年代以后。在此之前，它的名字叫"电化教育"。电教界认为"电化教育"是中国的教育技术。电化教育指的是运用现代教育媒体并与传统教育媒体恰当结合，传递教育信息，以实现教育最优化。但是，随着教育的发展及对教育技术认识的逐渐深入，电化教育一词已经不能够概括与表述教育技术的内涵和外延，不能适应教育发展的需要。在这样的情况下，"现代教育技术"一词应运而生。现代教育技术顾名思义，就是结合了最新的教育技术和总结性的教育理论，对教学工具进行优化，利用现代技术和最新的教育理论设计教学内容、规划教学过程，对教学进行管理和评价。现代教育技术可以从以下四个方面来进行理解：

1. 现代教育理论的指导地位不能动摇

现代教育技术应用不能脱离现代教育理论，只有这样才能真正体现教育思想。现代教育技术的应用，要关注师生的不同角色，即教师的指导作用和学生的认知主体地位。

2. 对现代信息技术的充分运用

科技的飞速发展使得信息技术也取得了极大的进步，从数字音像、多媒体、广播电视技术到互联网通信、虚拟现实、人工智能技术，现代信息技术对教育的影响力也在不断更新。在利用信息技术时，教师要以教学需求为根本，不能以技术的先进性为指标，避免采用不恰当的使用方式导致设备的浪费或是教育目标难以实现。

3. 优化教学过程、合理利用资源

要做到资源的合理利用与教学过程的不断优化，必须对教学模式进行优化。

4. 现代教育技术应用的五个主要环节

现代教育技术应用方式在持续不断地发展，现阶段主要有五个环节，这五个环节基本贯穿了教学的所有阶段，包括设计、开发、应用、评价、管理。设计主要针对的是教学软件的使用、教学环境、模式及教学过程的设计；开发主要针对的是硬件软件设备、课程与教学模式；应用主要存在于实际教学过程中；评价、管理是在整个教学过程的最后展开。

（三）现代教育技术管理的特性

现代教育技术管理是指现代教育技术应用领域的各级管理人员通过计划、组织、协调与监督等一系列的方法、手段和制度来调度所有的资源，协调各种关系，以便有效地达到既定目标的教育管理过程。现代教育技术管理的主要内容包括教学资源管理、教学过程管理、项目管理等方面。

现代教育技术管理的目的是充分调动教育技术系统内外的一切积极因素，全面提高工作效率和工作质量，发挥系统的整体功能，保证教育技术有效地开展，实现教育、教学效果的最优化。

作为教育管理的一个分支，现代教育技术管理一方面具有教育管理的一般属性；另一方面还具有自身的一些特点，具体如下：

1. 从属性

现代教育技术管理是整个教育管理系统的一个组成部分。学校的教育技术管理是整个学校教育管理的一个从属部分。尽管教育技术管理在学校管理中占据重要的位置，但它不可能完全取代教学、教务管理，仅仅是教学管理的一部分。教育技术管理是整个学校管理的一部分，必须紧紧围绕整个学校管理展开工作，必须为学校管理服务。[1]

2. 开拓性

作为教育领域中的一个新领域，教育技术的发展日新月异。与教育技术发展密切相关的教育技术管理需要勇于改革、敢于开拓的创新精神和进取精神，这样才能适应教育技术及教育技术管理的要求。

3. 技术性

教育技术是研究解决教育问题的学科。技术性是教育技术学的特点之一。教育技术管理的技术性主要体现在两个方面：一是对技术活动的管理，如教育技术领域中的项目管理；二是使用合适的技术对教育技术领域中资源和过程的管理。

4. 复杂性

教育技术是一个复杂的领域，涉及教育领域的多个方面。教育技术管理也涉及教育领域的很多方面。例如对人的管理、对组织的管理、对硬件资源的管理、对软件资源的管理等。这些管理的对象种类繁多、数量巨大、形式各异，体现了教育技术管理的复杂性。

（四）现代教育技术管理的组织机构

1. 组织机构的类型

按照职能进行分类，我国现行的教育技术管理组织机构可以分为学术机构、业务机构、教学机构、科研机构和专业机构等类型。

（1）学术机构是指进行教育技术学术研究和讨论，组织协作与交流，开展咨询与服务的机构。例如中国教育技术协会、普通教育（中小

---

[1] 高芳. 教育技术实用与协同创新的多元化发展［M］. 延吉：延边大学出版社，2020.

学）电化教育研究会等。

（2）业务机构是指承担教育技术业务工作的职能机构。例如各级电化教育馆、中央广播电视大学、各高等学校的教育技术中心等。

（3）教学机构是指承担教学任务，培养教育技术专业人才的机构。例如高等学校的教育技术院系或专业、各级各类广播电视大学等。

（4）科研机构是指承担教育技术科学研究的专门机构。例如中央电化教育馆、全国中小学计算机教育研究中心等。

（5）专业机构主要包括各级教育广播电台（电视台）、音像出版社、教育技术设备制造企业等。

2. 高职教育技术中心组织结构的职能

当前，高职教育技术组织机构一般被称为教育技术中心或现代教育技术中心。高职教育技术中心既是一个业务部门，也是一个具有一定管理职能的管理部门。其主要职能可以概括为管理、教学、科研、服务四个方面，具体负责多媒体教学（含传统电化教学）、外语实验教学、设备与设施管理、卫星与有线电视管理、教学资源的开发和管理、教师的培训、教育技术应用的开发、学校教育技术发展规划的制订与执行等工作。

二、信息化环境下的教学理论

（一）现代教育技术的学习理论

当代的教育技术应当受到学习理论的引导，并深入研究如何提升学习的品质和方法。目前，现代教育技术正以学习科学为核心，汇聚各个学科的优势，共同努力解决人类的学习难题。在众多的现代教育技术理论里，学习理论被视为最关键的理论支撑。学习理论作为心理学中的一个子领域，对学习的规律和条件进行了全面的解释，它主要关注人类和动物的学习行为模式及他们的认知心理活动。由于人们在观点、视角和研究手段上存在差异，因此形成了多种不同的学习理论流派。在现代教育技术的演进中，行为主义学习理论、认知主义学习理论及建构主义学习理论都发挥了至关重要的角色。为了充分利用现代教育技术来促进学生的学习，教师需要深入理解这些学习理论的核心观点，并建立一个科学的学习观念。只有这样，才能为学生创造一个最佳的学习环境和条件。需要强调的是，各种学习理论都有其特定的应用场景和逻辑性，教师应该吸取各方的优点，以更深入和全面的方式理解学习，并为学生的学习提供服务。

1. 认知主义学习理论

行为主义学习理论在斯金纳时期达到鼎盛，就在这一时期，认知主义学习理论与行为主义学习理论展开了激烈的论争，最终认知主义学习理论得到了大家的认可，认知主义学习理论与行为主义学习理论的最大区别在于：认知主义学习理论不仅关注人类的学习，而且强调学习者的内部心理过程。这与行为主义者只关注外显行为、无视心理过程的观念有显著区别。认知主义学习理论的代表人物有苛勒、布鲁纳、奥苏贝尔、加涅等。

（1）格式塔学习观

格式塔学习观即完形说（顿悟说）。德国的格式塔学派诞生于1912年，是认知学习理论的先驱。格式塔，在德语中的意思是完形。格式塔学习观学派的代表人物有魏特海默、苛勒和考夫卡等。格式塔学习观认为学习不是行为的联结，而是组织一种完形。学习过程中问题的解决，都是由于对情境中的事物关系的理解而构成一种完形所实现的。同时，格式塔学习观认为学习是由顿悟实现的，即学习过程不是渐进地尝试错误的过程，而是突然领悟的，所以格式塔的学习理论又称顿悟说。

（2）认知发现学习理论

布鲁纳的认知发现学习理论认为，学习的实质是学生主动地通过感知、领会和推理，促进类目及其编码系统的形成。类目指一组相关的对象或事件。认知发现学习理念强调学习是掌握知识结构，即学习事物间是相互关联的；同时，还强调学习一般原理的重要性，认为应该培养学生具有探索新情境、提出假设、推测关系、应用自己的能力解决新问题、发现新事物的态度。由此，布鲁纳的认知发现学习理论提倡发现学习，主张教学应创造条件，让学生通过参与探究活动而发现基本原理或规则。认知发现学习理论的步骤具体如下：

①从学生的好奇心出发，提出和明确使学生感兴趣的问题。学生在面临新问题、新情境时，在思维中产生了某种不确定性，于是就会出现试图探究的动机。

②围绕问题，向学生提供有助于问题解决的材料或事实。

③协助学生对有关材料与事实进行分析，让学生通过积极思维，提出各种解决问题的可能途径和假设。

④协助和引导学生审查假设。用分析思维去证实结论，使问题得以解决。发现式教学不仅有利于学生所学知识的保持、有利于培养学生发现的方法与技巧，而且有利于培养和激发学生内在的学习动机，有效提高学生的认知能力。

（3）认知同化理论

奥苏贝尔在认知同化论中阐释道：有意义的学习应该是学习者的已有观念与外来的新知识在相互作用中建立的实质性的、自然而然的联系。有意义的学习需要新旧知识相互碰撞，在碰撞的过程中，新信息与旧的认知结构、认知信息之间实现了意义同化。

有意义学习的外部条件是，材料本身必须具有逻辑意义，有逻辑的材料能够与个体认知结构中已有的概念建立起实质性的、自然而然的联系。自然而然的联系指的是外来的新知识和个体认知中的已有概念在逻辑上产生的合理的联系；实质性联系指的是新符号或者新符号代表的理念和个体认知中原有的符号、表象、概念之间建立起的联系。

有意义学习的三个内部产生条件：一是学习者需要产生有意义学习的想法和倾向；二是学习者本身必须具有一定的知识储备，旧知识是产生有意义学习的基础；三是学习者需要有意识地将新知识符号和已有知识认知联系起来，使二者相互作用。

有意义学习在已有理论的基础上，发展延伸出了更为细化和贯通的同化教学理论，即"渐进分化及综合贯通"，该理论强调教学应该从统一化向个别化发展，通过细化分析学生的情况，重新整合学生的学情，帮助学生掌握认知要素，与此同时，对教学实施先行组织的策略。除此之外，同化教学还强调提前帮助学生了解学习材料，通过提前建立认知，帮助学生建立新旧知识之间的桥梁。

用于引进新知识学习的内容，就是学习的先行组织者。先行组织者的存在可以有效地提高学生对知识的接收速度和学习速度。先行组织者主要包括三个方面的内容：一是设计合理的内容，合理的设计可以帮助学生应用已有的概念联系新知识，并且在新旧知识之间建立联系；二是联系相关知识的内容，建立合理的知识架构，为新知识的建立提供了框架；三是稳定、清晰的内容，先行组织者的稳定性和清晰性可以帮助学生灵活地学习，避免机械学习带来的负面影响。

（4）信息加工理论

加涅在信息加工理论中阐述道：学习应该是一个闭合的过程，在这一过程中，存在很多阶段，不同的阶段需要开展不一样的信息加工。在不同的信息加工阶段存在不同的事件，主要包括学习事件和教学事件。学习事件形成于信息加工的过程中，主要指形成的信息加工理论结构。教学事件指的是在教学的过程中形成的事件，教学过程需要根据学习过程展开，教学过程的作用是影响学习过程，所以，教学过程需要与学习过程相对应。教学事件是学习事件形成的外部条件。教师需要掌控和合理地安排教学事件，通过外在条件的控制实现教学的目的。教学的艺术就是教学与学习阶段的对应。

信息加工理论对学习模式进行了阐述：学习模式是对学习结构和学习过程的说明信息进行加工，该理论有助于教学过程和教学事件的安排，对于教学过程和教学事件的发展有重要意义。

加涅在信息加工学习模式中指出，加工学习模式有两个重要结构即执行控制与期望事项，这两个结构的存在可以改变或者促进信息流的加工。执行控制指的是学习模式中的认知及策略，执行控制决定的是哪些信息可以通过感觉登记区域进入短时记忆区域，以及信息如何进行编码和提取。期望事项指的是学生对目标的期望，也就是学习的动力，教师应该根据学生对学习的期望给予相应的反馈，这样的反馈才会发挥作用。在信息加工学习模式中，执行控制和期望事项两个结构发挥着巨大的作用。

2. 建构主义的学习理论

建构主义学习理论是行为主义发展到认知主义以后的进一步发展，自20世纪90年代应用于教育领域以来，一直备受推崇。最早提出者可追溯至瑞士的著名心理学家皮亚杰。皮亚杰坚持从内因和外因相互作用的观点来研究认知发展。建构主义理论的重要结论具体如下：

(1) 学习过程符合建构主义理论

人们对于外界事物的理解与接受要通过自身认知结构的认可，换而言之，学生学习到的知识不是单纯地听教师传授，而是需要学生通过教学互动、教学传授在自我认知结构中进行建构。

(2) 学习是一种协商的过程

因为个体的个人经验、个人经历存在差别，所以个体对世界的感受和看法也是各种各样的。要想达成学习的共识，必须经过协商及不断地磨合。

(3) 学习是一种真实情境的体验

只有在真实世界的情境中才能使学习变得更为有效。学生在真实情境中如何运用自身的知识结构解决实际问题，是衡量学习是否成功的关键。

综合以上论述，我们发现建构主义强调学习需要进行知识建构。建构主义认为由于个体经验不同，个体对世界的理解和看法也是各种各样的，知识的建构是发生在个体和外部环境之间的结果，所以不同的个体知识建构的结果必然是不同的，对知识的正确与错误所进行的判断也是相对的。除此之外，建构主义还认为教师只是知识的传授者，真正的知识建构取决于学习者自身的认知结构，学习者只有自我主动进行知识转化才能获得知识。因此，学习环境的主要构成要素有情境、合作、意义建构及会话。

现代教育技术将建构主义的很多思想转变为现实，例如利用多媒体创设情境，提供丰富的学习资源和各种便捷的学习工具，来支持学生对内容的自主建构等；在课件制作中，建构主义认为教学及学习的重点应该是学生，在教学过程中应该进行身份的转换，将学生从传统的知识被动接受者转变为知识的主动加工者和建构者，除此之外，教师也应该进行身份转换，从传统的传授者变为学生学习建构的帮助者。

（二）现代教育技术的教学理论

教学理论是指导探索解决教学问题的规律和途径。现代教育技术将教学理论作为自身的理论基础，是因为教学理论是研究教学客观规律的科学。教学理论是从教学实践中总结并上升为理论的科学体系，它来自教学实践又指导教学实践。对现代教育技术而言，为了解决教学问题就必须遵循教学的客观规律，也就有必要与教学理论建立起一定的联系。

1. 发展教学理论

赞可夫的发展教育理论构建了实验教学理论体系，对教学与发展的关系做出了科学的解释和确切的论证，并对如何创设最佳的教学体系、促进学生的一般发展，做出了精辟的论述，发展教学理论的基本观点如下：

（1）教学的目标是促进学生的一般发展。要以最好的教学效果，来促进学生的一般发展。

（2）教学目标应定在学生的最近发展区内。教学要有一定的难度，但也要适宜，应定在一般发展区内。只有教学走在发展的前面的时候，才是好的教学。

发展教学理论在苏联20世纪70年代以来的教学改革中得到实施，

并在实施中不断发展，对其他国家产生了较大影响，也为今天教学活动设计中教学目标的制定奠定了坚实的理论基础。

2. 教学最优化理论

巴班斯基的教学最优化理论认为：①应该把教学看作一个系统，用系统的观点、方法来考查教学；②教学效果取决于教学诸要素形成的合力，对教学应综合分析、整体设计、全面评价；③教学最优化是在一定的条件下，用最少的教学时间取得最大的教学效果。

按照教学最优化理论的观点，"最优化"一词具有特定的内涵，它不等于"理想的"，也不同于"最好的"。"最优化"是指一所学校、一个班级在具体条件制约下所能取得的最大成果，也是指学生和教师在一定场合下所具有的全部可能性。

教学最优化理论对教学过程的环节业务做了新的划分，认为应按一定顺序安排课堂教学，该顺序为：提问—讲解—巩固—检查新知识的掌握情况—复习已学过的知识—概括这些知识并使之系统化。具体实施方法为：①综合考虑任务，注意全面发展；②深入了解学生，具体落实任务；③依据教学大纲，确定内容重点；④根据具体情况，选择合理方法；⑤采取合理形式，实行区别教学；⑥确定最优进度，节省师生时间。由此可见，教学过程最优化不是具体的教学方法或教学手段，而是一种教学的方法论、教学策略。

用系统的方法研究教学，能够较全面、科学地剖析和阐述教学过程，这有助于教师最优地制订教学方案和组织教学过程，从而获得最佳的教学效果。该理论体现了系统方法和绩效技术的精神实质，对当前教育技术的发展具有重要意义。

教学理论的研究和发展为现代教育技术提供了丰富的科学依据。教学理论研究的范围涉及诸多方面，研究成果极其丰富。现代教育技术从指导思想到教学目标、教学内容的确定和学习者的分析，从教学方法、教学活动程序、教学组织形式等一系列具体教学策略的选择和制定，再到教学评价，都从各种教学理论中汲取精华，综合运用，寻求科学依据。

(三) 现代教育技术的视听理论

视听教育研究录音、广播等视听教育手段在教学中的使用方法和使用效果，总结出了很多视听教学的方法，并提出了相关的教学理论，即视听教育理论。

视听教育理论的核心是经验之塔。经验之塔的主要特征是以塔形构造将学习的形式（或者称为获得经验的手段）分成若干种类，并按某种规律将它们排列起来。该理论对人们在教学中如何选择教学媒体、如何增强学生的感性认识及如何提高学生的学习兴趣具有重要的指导意义。

1."经验之塔"理论的内容

经验之塔的概念将人们获得的经验分为三大类，即做的经验、观察的经验和抽象的经验，并将各种经验按抽象程度分为十个层次，具体如下：

（1）经验之塔"做"的经验

做的经验存在于经验之塔的塔基部分，指的是学生亲自参加实践活动所获得的经验。做的经验有三种方式，但所有的方式中都要求学生不仅要参观活动，更要亲自参加活动，从活动中获取经验，这样获得的经验就是做的经验。做的经验的三种方式分别是：第一，直接经验。直接经验指的是学生通过对事物进行真实的接触而取得的经验，真实的接触主要包括视觉、听觉、嗅觉、触觉等，直接经验是最丰富的经验。第二，设计经验。设计经验指的是学生通过被设计的模型及标本获取的经验。被设计过的模型和标本与真实的材料之间存在大小或其他方面的差异，是对真实材料的改编。被设计过的材料可以帮助学生有效地理解真实事物。第三，演戏经验。演戏经验指的是通过在学习之中设置情境扮演的环节，尽最大可能地还原真实情境，让学习者在情境之中通过表演获得情感和观念上的体验。

（2）经验之塔的"观察"经验

观察经验主要包括五个部分：一是观摩示范。观摩示范的作用是通过示范演示引导学生、告知学生事情的操作步骤，以便学生了解和效仿。二是见习和旅行。通过见习和旅行，感受事物的真实模样，获得直接经验。三是参观和展览。通过对博物馆、历史纪念馆的参观，获得对事物的真实体验。四是电视媒体。通过电视播放的电视剧、电影、纪录片，获得观察经验，电视上的经验是间接的观察经验。五是听觉及视觉经验。主要指的是通过广播、音频、图片等获取经验，相比于电视媒体的方式，听觉和视觉的方式更为抽象。

（3）经验之塔的"抽象"经验

抽象经验主要指两个方面：一方面是视觉信号，视觉信号指的是能够体现具体含义的图形符号、表格符号等，从符号上看不出事物的真实形态，但是符号可以抽象地代表真实事物，如天气预报图上的云朵、雨滴、雪花；如地理图表上的星星。另一方面是语言符号，语言符号有两种表现形式，分别是口头和书面。语言符号代表的是抽象事物。

2. 经验之塔理论的要点

经验之塔理论的要点有以下五个方面：

（1）经验之塔的阶层划分是为了区分经验的具体和抽象程度，如在底层的经验是最为直接的，便于学生理解、记忆；上层的经验比较抽象，可以帮助学生建立概念。阶层的存在，并不是为了规定经验的获取方式需要遵从阶层，也不是为了证明哪个阶层的经验是最好的，而只是为了划分抽象程度。

（2）在具体的教学过程中，教师应该帮助学生获得直接的具体经验，并在具体经验的基础上，进行抽象经验的教学，这样才能有助于学生理解概念和法则。如果教师只进行抽象经验教学，就会导致学生的学习缺乏实际理论经验的支持。

（3）教育、教学不能止于具体经验，而要向抽象和普通经验发展，要形成概念。概念可以供推理而用，是最经济的思维工具，它把人们探求知识的过程大为简单化、经济化。

（4）在学校教学中使用各种教学媒体，可以使学习更为具体，也能为抽象概括创造条件。例如在学校中，拥有大量、丰富的电化教育工具可以为学校教育提供良好的资源和更为方便的操作模式。

（5）位于"塔"的中间的那些视听教材和视听经验，既比上层的言语和视觉符号具体、形象，又能突破时间和空间的限制，弥补下层各种直接经验方式的不足。例如电视、电影与录像等资源可以弥补因学生的年龄和身份所缺少的经历及经验，扩大他们的视野和知识面。

经验之塔所进行的阐述是关于经验的抽象程度的阐述，它将经验从具体到抽象、从感性到理性、从个别到普遍进行了总结。在经验之塔的中间部位是电视媒体、视觉、听觉等经验方法，这些经验方法介于抽象和具体之间，可以帮助学生进行感性认识，便于学生理解和记忆知识点，也有助于教师对知识点进行概括总结，进而上升到概念和抽象的层次，从而有效地帮助学生实现知识从具体到抽象的转化，是非常重要的学习和教学手段。因此经验之塔不仅可以为视听教育心理学做指导，还可以为现代教学做理论支撑。

(四) 现代教育技术的传播理论

传播是指传播者运用词语、体语、数字、图片、图表等符号传递思想、感情、知识、技能等信息内容，以影响受传者的行为，或达到信息交流和信息共享目的的行为及过程。

教育传播是由教育者按照一定的要求，选定合适的信息内容，通过有效的媒体通道，把知识、技能、思想、观念等传递给特定的教育对象的一种活动，是教育者和受教育者之间的信息交流活动。它的目的是促进学生全面发展，为社会培养各种人才。

与其他传播活动相比，教育传播的特点有以下四点：①目的明确。教育传播是以培养人才为目的的活动。②内容严格。教育传播的内容是按照教学计划和教学大纲的要求严格规定的。③受者特定。教育传播的接受者是特定的人群。④媒体的多样化。在教育传播中，教育者既可以充分发挥口语和形体语言的作用，又可以用板书、模型、幻灯、电视等做媒体；既可以面对面交流，又可以远距离传播。

在教育传播中，当教育信息通过教育媒体在教育者与受教育者之间进行传递时，会产生动态的过程，这就是教育传播的过程。在教育传播实践中，人们总结出一种非常有效的教育传播系统结构，这种结构用文字或图表等形式表达出来，就成为一种教育传播的模式。教育传播模式是对教育传播现象的概括和简明表述，是对教育传播过程的各要素构成方式与关系的简化，它反映了教育传播现象主要的、本质的特征。

1. 教育传播理论的原理

（1）共同经验原理

共同经验原理指的是在教学过程中教师进行教学示范时，必须充分考虑学生的经验范围，只有双方处在同一经验范围内，才能达到教学的最好效果。教师如果忽略了学生的经验理解范围，用学生不懂的经验对学生进行指导会适得其反。

（2）抽象层次原理

抽象层次原理指的是教师在进行抽象概念解释时，必须选择学生能够理解的抽象范围，并通过具体的事物举例，提炼出抽象要点。教师的教学是基于对熟悉的具体事物的分析整理提炼进行抽象概念的教学。

（3）重复作用原理

重复作用原理指的是重复提出一个概念。用不同的方式，在不同的场合重复提出一个概念时，往往可以取得更好的教育传播效果。

（4）信息来源原理

信息来源原理指的是如果传播者在接受者心中有可靠的真实的形象，就有利于信息的传播。教师在信息传播过程中，首先应该确保信息来源的真实，其次应该确保树立起自身严格权威的教师形象，最后应该和学生保持良好有效的沟通关系。

（5）最小代价律和媒体选择原理

该原理指的是以最少的付出获取最大的回报，可能得到的报酬除以需要付出的努力就等于预期选择率。

2. 传播理论的要素

（1）传播理论的教育者

传播理论中的教育者具备教育教学所需要的能力，在教育系统中是重要的教育教学要素，也是教育的组织者、传播者、掌控者。教育者主要包括教师、家长及教育社团的领导者，在学校教育中最主要的教育者是教师。

教师最重要的责任是传递教育信息，从这个角度来看，教师并不仅指教课的教师，还包括教育的管理者及教育资料的编制者，甚至某些教学机器也可以是教师的一种。

在教育的传播过程中，教师是教育信息的把关者，对教育传播的内容、教育传播的方式及教育传播的媒体有决定权，所以教师应该具备整体掌控教育传播的能力，帮助学生德智体美劳全面发展。除此之外，教师还应该做好教育的组织及评价等工作。

(2) 传播理论的教育信息

在教育传播的过程中，信息始终占据着至关重要的地位，而在传播理论里，教育信息特指以物理形态存在的教育信息。教育活动本质上是一个信息交流的过程，信息的采集、转换、传播和处理都是这个过程中不可或缺的环节。在教育传播的过程中，涉及的主要教育信息包括与教学目标有关的信息、与学生学习有关的信息、与教师提供的信息、家庭教育相关的信息、通过社会媒体传播的教育信息、学生接收和反馈的信息，以及实践教学相关的信息等。

尽管信息在本质上是抽象的，但它可以通过特定的符号来具体表示。符号可以分为两大类：一类是语言符号，另一类是非语言符号。语言符号不仅涵盖了自然语言，如口头和书面表达，还包含了人造语言，如计算机语言及其他领域的符号表达。语言符号呈现出抽象和有限的属性，而与之相比，非语言符号更具形象性、普及性、多样性和整体性。非语言的符号通常涵盖了如动作符号、图像符号和音效符号等。在理论的传播过程中，两类符号都有其独特的优势。语言符号能够描述客观的事实，而非语言符号则更擅长传达情感和态度。通过合理地运用语言和非语言符号，可以有效地提升教育传播的效率。

(3) 传播理论的受教育者

传播理论的受教育者，就是教育的受教育者。首先，在传播教学信息的过程中，受教育者的职责是接收教育信息，这包括教科书、练习册、教师的课堂教学、多媒体教学工具传递的信息、大众媒体传播的信息，从社会实践和社会活动中获得的各种信息。其次，受教育者有责任将所获得的信息进行保存和处理，也就是把这些信息转变为其内部的语言或非语言符号。最后，受教育者需要将他们获得的符号信息与之前的经验进行整合、分析和比较，以揭示信息的真正含义。另外，值得我们关注的是，受教育者在接收信息时具有一定的选择性，他们自身也具有很强的主观能动性。在多数情况下，受教育者会对所接收到的信息做出主观的选择和理解。

(4) 传播理论的媒体和通道

在教育教学的过程中，教育传播媒体和教育传播通道是教育传播的必备要素。教育传播媒体指的是承载教育信息的载体，是教育者和学习者进行信息传递交流的桥梁。

教育传播媒体主要包括教学标本、教学工具、教材、辅导资料、教学影片、教学音频、教学课件等，教育传播媒体的存在是为了让教育者和学习者之间进行有效的沟通，所以教育传播媒体的承载物体必须能够被教育者和学习者感受到，只有这样才能保证教育的有效传播。

教育传播通道指的是教育信息传播的途径，它是信息传递的基础，按照信息传递的形式可以分为图像传递通道、声音传递通道和文字传递通道。

通道要素主要有教学媒体、环境、师生的感官系统和信息的传递方式。除此之外，通道还包括双方之间通过沟通形成的联系方式，如传统的面对面授课方式，以及随着科技进步而出现的网络授课方式，新技术提供的通道越来越多地被学生与教师关注和使用。

3. 教育理论的传播过程

教育理论的传播过程指的是教育者通过教育媒体向受教育者进行信息传递的过程。教育者通过把控信息推动各要素之间进行相互作用，最终形成传播过程。传播过程主要有以下六个阶段：

(1) 确定教育传播信息

教育信息的传播要先明确传递的信息内容。内容需要根据国家对教育和课程的培养计划来确定，对于信息内容，教育者应该仔细认真研讨教学教材，对内容做到具体细化了解，除此之外，还要确保学习者能够掌握信息内容。

(2) 选择教育传播媒体

对教育传播媒体的选择本质上就是信息编码的过程，教育者应该选用何种媒体形式去呈现教育符号和教育信号是重要的且复杂的问题，需要遵循一定的传播媒体选择方法和理论。具体包括：首先，选择的媒体应该能够准确地传递信息；其次，媒体的选择应该在学习者的经验和知识水平范围之内，便于学习者对信息的吸收和理解；最后，应该选择容易获得的媒体形式，通过较少的付出获得较多的回报。

(3) 通道传送

教育通道以教育媒体为中介进行信号的传递，也被称为施教。教育传播通道需要注意两个方面：一方面是信号传递的范围和距离；另一方面是信息传递的顺序。在传送之前，教育者应该做好预先传送设计，保证传输有规律、有步骤、稳定地进行，为了保障传送信号的质量应该避免无关问题的干扰。

(4) 接收与解释

受教育者对信息有一个接收和解释的过程，也就是信息译码的过程。受教育者受到外界环境的信号刺激后，感官将信号传输至中枢神经，并将信号转变为符号，最后在受教育者的脑海中与之前的知识和经验融合将符号彻底解释为信息意义，并长久地存储在大脑之中。

(5) 评价与反馈

受教育者将信息转化为知识时还面临一个问题，那就是知识是否达到了教学的目标，所以我们需要对教学进行追踪与评价。评价的方式主要有查看受教育者的行为变化、受教育者的课堂活跃程度、作业完成程度及考试成绩。教学目标完成度的评价也是对教育传播过程的反馈。

(6) 调整再传送

教育传播过程的评价和反馈有助于调整教育传播的方向，改进传播中的不足。通过调整教育信息、媒体及传送通道能够达到更好的教学目标，具体操作表现为：教师在课堂上能及时调整；在课后进行辅导调整；在期末对问题进行集中处理等。

(五) 现代教学媒体理论

现代教学媒体理论以施拉姆媒体观为例进行探讨。施拉姆是传播学的创建者，他在《传播学概论》中提出了认识媒介的八个原则，具体内容如下：

1. 媒介所刺激的感官

施拉姆在分析媒介时，要先分析媒介作用于人的何种感官，然后再进一步分析媒体的其他功能。印刷媒介刺激人的视觉系统，所以选择与使用印刷媒体主要从视觉入手，如版面的设计要符合人的视觉感受，字体的大小、颜色的赏心悦目，重要信息呈现的位置都是媒体软件设计关注的重点。听觉媒体主要刺激人的听觉感官，认识与使用听觉媒体主要从声音入手，如语言、音响及音乐。

2. 反馈的机会

一个好的媒体应该具备受者的反馈渠道，即应该实现传者与受者双方信息双向流动的通道。因特网之所以对电视造成了冲击，其中一个原因就是反馈渠道优于电视。

3. 速度的控制

不同的媒体在其传播信息的可控性上有所不同。面对面的语言媒体易于控制，因此受众可以对印刷媒体进行控制。而大众媒体如广播、电视，受众则不具有对媒体传播速度的控制权。在教学领域，可以通过分析师生对媒体播放速度的控制方法来分析如何在学习内容上使用更适合的媒体。

4. 信息代码

不同媒体使用不同的信息代码，利用语言媒体进行面对面交流时，除了语言符号外还有许多非语言符号，如教师的动作符号、伴随语言符号、教师的面部表情等。印刷媒体以文字为主，易于做到抽象化；视听媒体则文字比较少，易于用图像、视频做到具体化。

5. 增值

面对面交流实现增值需要经过很大的努力，而电子媒体、网络媒体则可以轻松使自身的传播增大无数倍，使很多地方都能够收到他们传递的信息，克服了距离和时间的问题。视听媒体传递的信息还可以使文化程度较低的受众理解并接受。因此，可以将面对面传播反馈迅速的优点与大众传播信息增值的优势结合起来。

6. 保存信息

不同的媒体具有不同的保存信息的能力。语言媒体传播信息稍纵即逝，而印刷媒体、网络媒体在保存信息方面则具有优势，电子媒体正日益走向专业化以增强其保存信息的能力。

7. 克服弃取

克服弃取的力量即放弃某种媒体传播的可能性。转换电视频道比打消面对面交流容易得多，但是在其他条件相等的情况下，通过面对面的交流比通过媒体渠道更易于引起并集中注意力。这也是使用传统媒体的优势所在。

8. 满足专门需要

大众媒体在满足社会的一般需要时迅速且有效，然而在满足特殊、专门的需要时较差。一些以说服、教育为目的的活动都力图把大众媒体同个人的渠道结合起来，使其互相加强，互为补充。

以上是施拉姆在《传播学概论》里提出的认识和分析媒体的视角，这些原则同样适用于认识现代教学媒体。

三、高职智慧课堂教学设计

（一）智慧课堂的翻转课堂教学模式

1. 电子书包支持的翻转课堂教学模式

翻转课堂通过改变传统课堂教学中知识传授与知识内化的顺序，为解决数学复习课中存在的问题提供了一条新的途径，而电子书包在此过程中可以起到良好的技术支撑作用。电子书包支持的翻转课堂教学模式，其特色与创新体现在以下三个方面：

（1）电子书包支持的翻转课堂教学模式的构建紧紧围绕复习课存在的问题和教学需求，并将教学问题解决与翻转课堂相联系，在教学中引导学生发现问题、解决问题，具有较强的学科性。

（2）电子书包支持的翻转课堂教学模式超越了以往对电子书包功能的简单介绍，从教学支持的角度，详细阐明了电子书包在翻转课堂中的支持作用，促进了电子书包与课堂教学的融合。

（3）电子书包支持的翻转课堂教学模式在传统模式的基础上融入电子书包的技术支持，并经过两轮迭代设计进行调整和优化，具有较强的可操作性和可推广性。

2. 电子书包支持翻转课堂教学模式环节

（1）课前自学，知识梳理

在复习课前，教师针对复习的重、难点制作相应的微课（每段不超过10分钟），并发布到电子书包平台上。同时，教师根据复习的知识点发布相应的习题，习题的设置要充分考虑学生已有的认知结构，合理地设计习题的数量和难度。学生自主学习微课，完成相应习题，并根据电子书包的反馈情况在平台上撰写错题反思，也可再次选择相应的微课进行复习巩固。在上课前，教师对学生完成练习的情况进行分析，为课堂活动的设计提供指导。

（2）课中强化，个性训练

知识的获得是学生在一定情境下通过人际协作活动实现意义建构的过程。因此，教师在设计课堂活动时，应在鼓励学生自主探究，在学生运用所学知识分析解决问题的基础上，充分调动学生的积极性，参与小组协作，协同解决问题。课中强化，个性训练具体内容如下：

第一，错题点评，有效教学。教师利用电子书包的统计分析功能，分析学生课前练习的得分及错题情况，总结易错题型，帮助学生明确学习目标；然后由学生自主提出问题，并通过小组活动协作解决问题。

第二，提炼方法，个性训练。教师选取共性错题详细讲解，并引导学生提炼解题方法，梳理整章知识点；然后学生利用在线测试功能在电子书包上完成系统智能推送的习题。教师随时捕捉学生的学习动态，并及时加以指导。

第三，分组竞赛，巩固提升。完成个性训练后，教师发布难度递减的习题，学生根据个性训练成绩分层进行答题竞赛。小组长统计小组平均分汇报给教师，并进行小组点评。

第四，师生互评，课堂小结。电子书包所支持的翻转课堂评价应该是多维度、多方式的。课堂小结环节，先由学生进行自我评价，再由教师进行评价结果的统计与反馈，让学生针对不足的地方在课后进行加强和补救。

(3) 课后拓展，能力提升

课后，学生利用电子书包针对课堂中存在的问题进行补救练习，并利用电子书包的资源进行拓展学习，而教师可通过对学生课内外的学习情况进行评价，为下一次教学提供参考。

(二) 智慧课堂的生成性教学模式

生成性教学指的是在教学活动中，学生通过与教师和学习资源的互动交流，达到获取意义和构建自我主体的目的，同时也使教师和学习资源达到了一个全新的水平，从而以超出预期的方式完成教学目标和任务。随着社会的不断发展和现代教育方式的转型，建立一个能够全面培养人才、具备综合素质的课堂已经成为满足社会进步需求的关键策略。然而，在实际的教学活动中，学校与教师常常将教学焦点局限于应试教育环境下的死记硬背和传统的固定教学模式，这导致学生的主体性被忽视，学生的主观能动性未能得到充分的体现，同时也限制了教师和学生个性自由的全面发展。因此，在当前的教学环境下，我们需要对教学活动进行调整，创新教学方法，从传统的固定模式转向更为开放和创新的模式，激励教师与学生在课堂上进行积极的互动和交流，充分激发他们的创新意识和创造性思维，从而增加教学的附加价值。

1. 电子书包支持的生成性教学模式

由教师或其他人借助教学辅助工具，对学生加以引导和启发，使学生完成知识的生成，这个过程发生的场所，通常称为生成场。在生成场中运行的教学生成系统是信息资源和学生逻辑思维进行碰撞的信息加工过程，即生成性教学模式的环节。

2. 电子书包支持的生成性教学模式环节

（1）弹性—预设环节

在生成性教学工作开展前，教师要针对学生实际状态、教学任务、教材等情况，进行生成性教学的弹性预设，对学生的课前学习准备提供学习资源或者学习方法等方面的指导，以帮助学生获取对知识的整体感知，从而推动教学工作的顺利开展。这种预设是生成性教学开展的基础，它不是固定不变的，而是弹性可变的。

（2）交往—反馈环节

在生成性教学工作开展过程中，在教师创意思维和创新形式的作用下，创设具体情境，让学生与学生、学生与教师在具体情境中产生互动交流，学生发挥主观能动性进行自主探究，教师随时记录学生的学习状态和心理状态，以便及时做出调整和反馈。这个环节是生成性教学开展的前提，是对产生的大量、丰富的生成性信息进行记录、整合、反馈的过程。

（3）应对—建构环节

交往—反馈环节中采集的信息，一部分转化为学生的生成知识，另一部分就需要借助教师的引导进行外化展示。应对—建构就是在生成性教学过程中，针对交往—反馈环节中学生反映出的问题或者教师记录的信息点，采取应对措施和解决方案的执行，以及时调整学生的学习状态，建构更科学的教学体系。应对—建构是生成性教学的关键环节，直接影响着生成性教学成果的质量好坏。

（4）生成—创造环节

生成—创造环节是学生在教师引导下，构建生成性知识，与已有的知识结构进行有机融合，并通过可视化的形式进行展示的过程。它是生成式教学想要达到的预期结果。

（5）评价—反思环节

评价—反思环节的目的在于使学生及时得到学习反馈，帮助学生改进问题，取得进步，激励学生增强学习动力。它是教学活动的重要环节，是教师改进教学方法的重要参考。

四、高职微格教学设计

随着教育理念的不断深入研究和科学技术手段的发展进步，逐渐形成了针对教师教学与学生学习全过程进行设计、开发、应用、管理和评价等各环节的一系列理论，并将声音、图像、文字、教学程序、教学反馈系统等融为一体，以便达到优化整个教学过程和提高教学效果的目标。这些理论与教学方法被逐渐引入教师培训过程和师范生培养阶段，以解决教育实习不足，难以快速适应课堂教学环境，对指导意见缺乏直观感受，难以进行客观的自我评价和改进等问题，通过研究者的不断努力，逐渐形成了微格教学的概念和微格教学训练法。

微格教学是在一定条件下进行学习和训练，集中解决某个特定问题的教学行为。它建立在现代教学理论和现代教育技术的基础上，借助现代视听技术，采用可控的教学环境，对微格教学的教学模式进行设计，并组织教学的实施、讨论、分析和评价，能够将受训者所需训练的教学能力恰如其分地运用于课堂教学过程当中，以便培训和提高受训者的课堂教学技能。

微格教学是一种教学方法，在中国称为"微型教学""微观教学""小型教学"等。微格教学就是把整个综合的复杂教学过程进行分解，分解后的单一技能较容易掌握，受训者对这些单一技能分别进行训练，在训练过程中，培训者用现代视听设备记录受训者的现场表现，结束后将声像记录通过回放设备进行回放，便于受训者及时接收指导、反馈和客观评价，并对自己的教学过程进行纠正和重新演练，通过不断循环反复直到熟练掌握该项技能的一种方法。本质上而言，微格教学就是一种"细化"教学，它的"微"体现在课堂容量小，持续时间短，训练技能单一，"格"表示可以将整体像划分格子一样细分，并可将教学的过程通过影像帧格方式播放。微格教学结合了教育学、心理学、系统工程、现代教育学、现代教育技术等基本理论，并借助现代化的视听技术手段，是一种可控制的微型化教学及实践训练体系。

微格教学的概念可以定义为：微格教学是利用一个可控制的实践系统，使师范生或在职教师有可能集中解决某一特定的教学行为，或在有控制的条件下进行学习教学方法。它是建立在教学理论、视听理论和技术基础上，系统培训教师教学技能的方法。

微格教学训练可以概括为：把教学的完整过程细分为微型课题，针对性地练习基本单一技能，遵守规范的标准，及时进行反馈和评估。微格教学为受训者提供了一个模拟教学环境，受训者在这个环境中不但可以训练分解细化后的每一项教学技能，还可以及时获得大量的反馈和评估信息，从而切实提高自身的课堂教学能力。它是借助现代技术条件培养和训练教学能力的有效方法和手段。

（一）微格教学的价值、意义与作用

1. 微格教学的价值

（1）技能训练方面的价值

微格教学最重要的目的之一就是训练师范生、类师范生、在职教师的教学能力。微格教学改变了传统的教师培训模式，将被动接受为主的方式变为主动参与的方式，提高了课堂活跃度，激发了受训者的学习积极性，它不仅能够提高受训者的教学知识和理论水平，而且能够提高受训者的教学能力。作为训练教学能力的方法，微格教学相比于传统的、模拟整节课程的"教学试讲"教学实习方式，具有目标单一、针对性强、过程简短、反馈及时和效果明显等鲜明优势。

（2）教学研究方面的价值

微格教学不仅可以用于在职教师教学能力的科学研究，还可以使研究者利用教学录像反馈机制，多次地、更加细致地对教学情境做深入研究，这比传统的靠模糊印象来开展教学研究的方式，要更加精准和高效。

不同于传统研究方法中关注思辨性、经验性、个体性的特点，微格教学更多地关注客观性、系统性、具体性，将科学方法论和现代科学技术进行了有机融合。微格教学的独特性还在于它借鉴了自然科学中的研究方法，并对其进行了延伸和发展，实现了对复杂教学活动中变化因素和训练过程的系统化，使科学理论能够更好地指导社会实践。

2. 微格教学的意义

微格教学的价值决定了微格教学的意义，微格教学的最大意义在于培养了受训者的各项教学能力，此处的受训者主要包括师范生、类师范生、在职教师。对师范生和类师范生而言，他们都可能会走上教学岗位，为了在以后的教学活动中顺利地完成教学目标，他们必须掌握一些教学技能；对在职教师而言，想要不断提高自身专业水平和教学能力，就要不断开展教学研究活动，通过微格教学训练，受训者不但能够提高运用各种教学技能的能力，还可以按照标准来规范自己的各种教学技能，并且对各种新的教学技能进行探索和研究，所以微格教学训练是师范生、类师范生掌握基本教学技能，形成综合性教学能力的重要途径，也是在职教师提高自身业务能力的重要渠道。

3. 微格教学的作用

微格教学有提高课堂教学质量和提高教学活动质量的作用。

(1) 微格教学有利于提高课堂教学质量

现代课堂教学的研究基本是关于教学内容和整体性教学方法的研究，评价研究分析大都是针对整个课堂教学过程，局限于宏观层面，让教学者难以更加深入了解。而微格教学则是把整体性课堂教学中的综合性技能细分为多项单一教学技能，这样有利于教学者对每项技能深入分析和研究，做出的评价更具针对性，让课堂教学研究更加深入，有利于课堂教学质量的提高。

(2) 微格教学有利于提高教学活动质量

微格教学的一大特点就是改变了传统教学的一些方式，例如微格教学改变了传统教学中的教师讲解为主、师生互动较少的方式，而采用录像回放、及时点评等方式加强了课堂的师生互动性。此外，微格教学还改变了传统的评课方式，通过录像回放，可以观察被评价对象的各种教学技能掌握和运用能力，而不仅是局限于知识结构、程序环节等宏观面的特征，这样不但可以提高课堂教学的质量，而且可以使得教学科研活动更具有目的性、科研目标更加精准。

微格教学既可以用于师范生和类师范生教学能力的培养，也可以用于在职教师的教学科研活动和教学能力的提高。要想充分认识微格教学的意义，就要在日常的科研教学中充分结合微格教学的特点，将微格教学切实运用于日常的教学和科研活动中，让微格教学成为真正提高教学科研能力的手段。

（二）微格教学与传统教学的对比

以传统教师受训为例，微格教学与传统"教学试讲"方式相比，具有以下三个特点：

1. 注重单一能力训练

传统的培养教学能力的方式是"教学试讲"，这种方式强调的是受训者按照正常的整节课方式进行"试讲"，由于该方式涉及多种教学能力的运用，因此往往让受训者难以找到重点。而微格教学方式，则是将这些复杂的多个教学能力和过程进行细分，每次微格教学只针对某一个细分项进行重点训练，通过训练彻底掌握这项技能后再训练下一技能，这种逐项训练的方式，便于受训者明确重点的同时，更有利于其扎实地训练和掌握各项教学能力，为最终掌握综合性的教学能力打下基础。

2. 采用直观反馈形式

在训练教学能力的过程中，及时得到反馈非常重要，这能够让受训者进行必要的调整，进而更好地训练和掌握各种教学能力。传统的"教学试讲"方式，授课者获得反馈意见的渠道只能是向听课者征求意见，由于听课者和授课者的身份角色不同，听课者反馈的意见是从自身的角度出发的，在语言表达上的确切性要欠缺一些，这就导致授课者听到的反馈意见是间接的，指向性也要差一些。

而在微格教学中，采用的是摄像记录和录像回放方式，这样就允许授课者更直观地观察自己在教学过程中的"表现"，授课者的体会也是从自身的角度出发的，而且录像记录的一言一行和一举一动，都不会有任何细节的遗漏，这就使得授课者得到的反馈更加直接，指向性更加明确，覆盖范围更加全面，其所得到的印象也更加深刻，因此改进完善的效果也更加明显。

3. 经历多重角色转换

传统的"教学试讲"方式中，受训者只有两重角色，在进行理论学习和获取反馈时是学生角色，在试讲时是教师角色。但在微格教学过程中，受训者除了以上两重角色身份外，还要对自己及小组成员的教学录像进行评价，这时便有了评价者的角色，而且学生、教师、评价者三重角色是不断交替变化的，例如针对某一教学能力的训练达不到要求时，受训者就必须重新进行训练，这样又从评价者变为教师角色，在反馈阶段，又变回学生角色，这种三重角色的不断转换，可以给受训者提供多重身份体验，激发他们的兴趣，提高训练的效率。

（三）微格教学系统的应用

微格教学作为一种提高受训者教学能力的方法，自诞生以来迅速在世界范围内推广开来。在微格教学中，受训者既要利用现代化的视听技术进行实践，完成录像观摩、录像回放等环节，又要通过录像、受训者之间的互相点评和信息反馈等环节考核，这些环节将涉及现代教育理论、教育评价理论等基础知识；而微格系统整体要完成良好的运行，还需涉及系统控制理论。因此，只有了解教育学理论、心理学理论、系统科学理论、教学设计理论和现代教育技术等理论后，才能加深对微格教学的认识，提高运用微格教学的能力。

1. 微格教学系统的应用要点

在微格教学过程中,要合理地运用已有的教育教学理论和技术,让这些成熟的教学理论指导整个微格教学。在微格教学训练时,要做到以指导教师为中心,这属于行为主义学习理论的范畴,指导教师在微格教学中都具有不可替代的作用,指导教师在整个微格教学中既要组织、引导、帮助受训者完成各个环节的实践,还要监控整个微格教学的进行过程。只有充分发挥指导教师的作用,微格教学才能按照规定的模式顺利进行。

在强调指导教师作用的同时,不能仅仅停留在行为主义学习理论的层面,还必须注意综合运用建构主义学习理论和人本主义学习理论,即在微格教学过程中,既要承认和重视受训者作为认知主体的作用,也要尊重受训者自身的认知规律,充分发挥受训者构建自我知识经验的能力。微格教学的应用要点具体如下:

(1) 掌握基本理论和技能

要明确微格教学的定义、结构、意义、目的、作用、功能、特点等基本知识,并在这些基础上深入了解教学技能训练的步骤程序、训练中的要点等方法信息。只有从理论和实践两个方面入手,受训者才能更好地形成自己的知识体系,并完成相关知识的建构和经验迁移。

(2) 重视角色体验的作用

在教学中,师生都应该明确角色扮演的作用和效果。教师要按照教学内容和情境的不同让学生进行角色扮演,学生通过角色体验能够加深知识,提高能力;通过角色扮演,还能改善课堂单一的教学模式,提高教学效率和教学质量。

(3) 做好教学实践

在师生都做了充分准备的情况下,实践是将理论知识转化为感性认识的关键阶段,要通过实践将知识和经验内化,通过不断地感悟,帮助教师形成自身对于各种教学技能的认知,并通过实践熟练掌握各种教学技能。同时,要结合现代教育教学理论,充分、合理地利用各种现代化视听教学设备,为受训者提供充足的学习资源,创造高效的交流学习环境。

2. 微格教学系统的思路

(1) 微格教学模式

微格教学程序是：受训者撰写细分后的微格教案—将受训者分为小组（每组 7 人左右）—教师指导片段—教学（10 分钟左右）—指导教师和组员共同观看片段教学录像—组员讨论后相互评议，教师总结—被点评者不断改进，并重复教学直到达到目标。小组的每个成员经过以上整个程序后，基本掌握了各种常用教学技能，从而提高了他们的教学能力和教学质量。

微格教学的目标就是要培养和提高受训者的教学技能，让受训者能够掌握基本的教学技能，提高他们的教学能力。为了实现这个目标，微格教学要遵循一套严格的模式方法，具体如下：

第一，将整个教学过程进行细分，细分为单项的教学技能。

第二，通过相关的理论书籍对这些教学技能进行学习，学习之后要将理论和实践结合起来，对每一个单项的教学技能进行逐个训练。

第三，根据教学目标，结合教学过程、教学安排、所要训练的技能等合理地设计微型训练课，在每个微型训练课中主要训练某一技能，设计微型训练课的时候要注意，微型训练课只是现实中一节课的一部分，因此微型训练课的时间要短，教学内容要少，只应主要关注某一方面的内容，不要求做到面面俱到。

(2) 微格教学阶段

微格教学结合了现代教学理论和现代教育技术理论，在现代化视听技术的辅助支持下，可以让受训者集中训练以解决某个特定问题，是一种在可控教学环境下培训和提高受训者课堂教学技能的教学方式。微格教学一般有以下三个阶段：

第一，课前阶段。首先，指导教师要安排受训者阅读参考书目，要让受训者通过对现代教育理论的综合分析，形成自己的认识；其次，授课教师要组织受训者进行讨论，加强和巩固相关理论基础；最后，指导教师要安排受训者观看示范课录像，并与受训者一起就课堂教学技能的各方面进行讨论。

第二，实践阶段。实践阶段体现了微格教学的特色，先是受训者进行微格片段模拟教学；然后受训者对比自身的教学录像与示范录像，对各种课堂教学技能进行探索。对实践做出正确评价是顺利达到本阶段目标的重要保障，其包含两个方面：一是小组同事要对主讲者的表现进行集体评价，二是主讲者要进行自我评价。这样从主客观两个方面进行的评价更有助于主讲者认识自我和改进教学。

第三，总结阶段。在总结阶段，指导教师要根据受训者在训练中的情况选择教学技能，通过与受训者的讨论，帮助其通过分析总结，寻找到符合自身教学特点的教学技能组合。

(3) 微格教学的特征

微格教学打破了以往教师培训的模式，将复杂的教学行为进行了细化，导入了现代学习理论、教学理论、现代教育技术理论及系统科学理论。它具备以下四个基本特征：

第一，突出学习重点。微格教学采用微型课堂的形式开展，课堂集中于少数受训者的一两个技能的强化教学，这种集中化的教学方式一定程度上强化了受训者的实操技能，突出了学习重点。

第二，融合理论与实践。理论教学的目的在于更好地指导社会实践，而微格教学的教学方式使晦涩难懂的理论知识与社会实践进行了更深层次的融合，这种方式可以有效提升受训者的学习兴趣和教学质量。

第三，直观反馈信息。微格教学中巧妙地利用了现代信息技术，通过技术手段辅助，对受训者的日常教学表现进行记录，使教学信息反馈更为直观、立体，以便受训者能够及时调整教学方法。

第四，尊重学生地位。学生是教学活动的主体，教师是教学活动的主导者，教学活动的这个基本准则在微格教学中同样得到了很好的体现。

(4) 微格教学的创新

微格教学模式规定了微格教学的步骤、训练小组的分组要求、设备要求等，这样固然可以规范微格教学的标准，保证教学质量，但同时教师和受训者都遵循这个模式规定，就必然缺少方式方法上的灵活变化，按照这样的方式进行的微格教学活动，得到的效果并不令人满意。因此，在遵循微格教学的相关规范的同时，应该有灵活的变通，打破这些固有的模式，对各种教学方式和方法进行变化与创新，采用多样化的方式方法，研究各种多媒体设备的革新运用方式，以求更好的教学效果。在微格教学方法的变化和创新上，应注意以下三个方面：

第一，以学生为中心。遵循现代教育技术的基本指导思想，要以学生需求为中心，发挥学生的积极性和主动性，这就要求指导教师在课前要充分向学生讲解微格教学的概念、特点、实践程序等，要让学生认识到微格教学在培养和提高教学方面的必要性，这样学生才能做好充分的心理准备，并在实践中体现积极主动性。

第二，因人因材施教。要充分考虑到不同受训者的特点，针对受训者在微格教学过程中的不同表现和特点，因人而异，因材施教。

第三，关注每个环节。要结合教学目标、内容、受训者特点来决定教学活动的各个环节。在微格教学的各个环节中，要注意各种方法的结合使用，也可以将原有的一些程序步骤交叉颠倒，例如在观摩录像环节，不要单纯地让受训者观看录像，指导教师可以与他们共同讨论，并进行分析讲解；在评估反馈环节，可以将播放录像和评价分析这两个步骤互换，从而减少受训者的枯燥感，激发受训者的兴趣，加深受训者的学习印象。

总之，微格教学方法的创新要充分结合传统教学和现代教学的理论与手段，并尽量做到方式方法的多样化，通过不断探索研究，力求整体上提高教学活动、教学效果和教学质量。

3. 微格教学系统的操作环节

微格教学的最主要功能是可以让受训者进行技能训练。微格教学的典型程序包括示范教学、观摩教学和教学实况转播与录像等多个环节，为方便操作，特将具体环节和相应的要求归纳如下：

理论学习环节，因为微格教学中进行的是片段教学训练，所以最先要做的是将一个完整的教学过程进行片段细分，在进行划分和后续编写微型课教案的过程中要涉及一定的教育学理论、各种技能理论，还要结合教学目标、学习者特点等综合考虑，因此受训者要先掌握一定的理论基础才能为后续的各个阶段工作打下坚实的基础，本环节主要完成的就是理论学习和研究。

观摩讨论环节，为了让受训者在实际训练前明确训练的目标和要求，指导教师要向受训者播放专家和教师的优秀示范录像，播放后指导教师要带领受训者小组进行探讨，通过观看录像和探讨，受训者要明确所要训练的技能和其他一些要求。

编写微型课教案环节，微格教学是把课堂教学的整个过程分解为不同的片段，在每个片段中进行单项教学技能的训练，在受训者明确了需要训练的技能后，他们就要选择合适的教学内容进行片段教学，此时受训者要根据事先设定的教学目标来进行教学设计，并写出较详细的教案。所编写的微型课教案与传统意义上的教学教案不同，要有自身的特点：一是在时间上必须简短，二是在细节上要有所不同，例如微型课教案要有明确的教学目标，要标明每一个教学行为对应的教学技能，预先判断学生学习行为和对策、教学过程的时间分配等细节信息。

模拟实践环节，微格课的课堂由指导教师（真实的教师）、受训者（扮演教师角色）、小组成员（扮演学生角色和点评者角色）、设备操作人员共同组成。教师角色受训者在微格实训室中进行5~10分钟的试讲，训练两种教学技能，在训练前，该受训者要先对自己试讲过程中要训练的技能进行简短说明，介绍教学内容和教学设计思路，然后开始试讲过程，在试讲过程中，要全程进行录像记录。

评价反馈环节，指导教师及受训小组全体成员共同观看某一受训者的试讲录像。进行试讲的受训者要进行检查：一是检查试讲是否达到了预期的效果和目标，二是检查所要训练的技能是否掌握。同时，指导教师与受训小组成员也要根据听课和所观看录像的情况，检查试讲者是否达到了自身所述的目标，并通过小组讨论，向试讲者提出试讲者存在的问题，给出试讲者努力的方向。因为每个小组成员都是从不同的角度出发，所以他们给出的观点和建议更加客观，更能体现实际环境中不同学习者的特点。该阶段有定性评论法和定量量表法，根据情况灵活使用。

循环反复环节，试讲者根据评价和反馈的结果，针对指出的问题，再修改教学设计和微型课教案，并重新进行微格教学实践，试讲后再听取小组意见和建议，再次修正和试讲，直到达到预定目标，掌握预定技能后换下一个受训者，再反复进行以上步骤。受训者不断修改微型课教案，重新实践试讲的过程就是受训者教学技能不断改进完善和提高的过程，片段教学的训练和单个教学技能的掌握为受训者将来进行真实教学奠定了坚实的基础。

第三节　高职教育信息化建设的未来展望

一、健全职业教育信息化建设经费的筹措和监管机制

（一）对建设信息化的多元经费筹措机制进行完善

在分配经费的过程中，应该加强对经济落后地区和中西部地区的财政支持，以确保各级政府能够根据各自的比例和责任进行经费投入，同时国家也要对职业教育信息化建设的经费标准进行明确规定。要积极推进投资和融资的数字化改革，鼓励基金会和其他相关组织发挥其独特的角色，构建多样化的资金筹集机制。其中包括学校与企业、政府与企业之间的合作，通过市场机制进行融资，其中政府主导投资，学校则负责筹集资金，确保企业的教育信息化在物质条件充足的前提下能够持续发展。

（二）加强监管职业教育信息化建设的经费

要遵循高效和节约的原则，加速财务管理信息化系统的建设，并通过建立管理规范来确保职业教育信息化建设的资金投入是有序的，同时还要加强对资金使用过程的管理。在进行全国范围的职业教育信息化竞赛需求统计调查时，需要在制定各级财政预算时，充分考虑到教育和财政经费的整体规模。有必要创建一个统一的财务账户，以接受社会各界

和行业企业的捐赠。对于培训团队、资源开发和基础设施建设所需的资金，应进行合理的分配，并严格遵循政府统一的结算和采购流程，以防止资金的不当使用。通过构建一个更为严格的审计体系，我们可以科学地评估资金使用的效率和合理性，并对各方的责任进行严格追责。

二、健全职业教育信息化建设的监控和评价工作机制

对评估职业教育信息化建设水平的标准进行制定，在评建结合、以评促改、以评促建原则的基础上，对评估职业教育信息化建设的工作进行推进。研究、建立更加完善的评估体系，对各项评估标准进行制定，评估标准涵盖评价网站建设、人才队伍、远程教育、应用系统等各个方面，并将这些评价地区现代化与学校考核的内容中纳入。

建立监控职业教育信息化建设的运行机制。明确高职院校和地区信息化建设状况的审查评估主体为省级专门部门，高职院校信息化建设的审查评估主体为地市专门部门，各个主体会将结果报告到信息化领导小组办公室和同级教育行政部门，保证良性均衡的职业教育信息化发展得以实现。

三、借鉴国际成功经验，加快发展步伐

我们从各个国家的教育信息化发展道路的研究中获得了一些启发。

在政策制定的角度上，澳大利亚和美国为了使信息化社会发展的需求得到满足而对关注个人信息的素养更加关注，在制定政策时，往往将视角放在信息技术对个人学习的促进上；而我国则将教育信息化政策的制定视角放在教育信息化事业发展和国家信息化程度上。

在教育信息化发展政策和规划的制订方面，澳大利亚和美国会综合规划教育信息化，会考虑综合教育信息化和整体教育发展的各个因素，将其他学科和方面融入信息技术的整体规划中，综合性较强。另外，多种技术采用的是美国和澳大利亚教育信息化政策中比较强调的内容，不会单方面强调应用新技术。

一些国家对开放共享教育资源非常重视。[①] 美国将自己的课件开放于全世界，澳大利亚的资源共享质量较高，在资源系统间的互操作方面，制定了相应标准。这些都是我们可以借鉴的经验。

综合来看，结合教育与技术的各自长处，对职业教育的资源进行高效配置，确保职业教育信息资源在不同时间和空间的共享，并进一步推进职业教育的进步，是职业教育数字化的核心议题。通过运用多媒体和其他信息技术手段，我们可以整合当前的职业教育教学资源，为技能和知识的展示提供一个更加丰富的平台。这不仅使得学习过程更加有趣、灵活和主动，还能在不断更新学习方法和内容的同时，提高技能培养的效率和质量。借助网络技术的强大优势，可以实现远程教育，突破时间和空间的限制，将各种教育方式的优点融合在一起，把职业教育教学资源的精髓传递给各个方向，从而使学习变得更加开放，进一步推动以就业为导向的职业教育向前发展。在现代化和信息化的远程职业教育中，自主性和个性化的学习方式将得到进一步的推进，这有助于培养人们的终身学习理念。职业院校的信息化教学不仅面向全日制在校学生，还面向社会上愿意参与学习的各种主体和远程学员。这构成了职业教育机构在信息化方面投入与产出比率提升、大规模职业教育实施，以及高品质职业教育服务落地的基础条件。

[①] 甘忠祥，刘宏程. 新时代军事职业教育创新发展研究［M］. 北京：中国言实出版社，2020.

参考文献

[1]陈磊.大学生职业发展教育[M].重庆:重庆大学出版社,2018.

[2]陈泽宇.职业教育新工科课程开发的理论与实务[M].北京:北京理工大学出版社,2019.

[3]崔岩.高等职业教育改革发展研究[M].北京:北京理工大学出版社,2022.

[4]何应林.高职学生职业技能与职业精神融合培养研究[M].杭州:浙江大学出版社,2019.

[5]胡慧远,吴健.大学生职业生涯与发展规划[M].北京:中国言实出版社,2018.

[6]李洁,岳光耀.高职教育管理理论与实践探索[M].长春:吉林人民出版社,2022.

[7]李琦.职业院校汽车专业美育教育的理论与实践探索[J].佳木斯职业学院学报,2024(5):199-201.

[8]李同同,吴南中,邱骏鹏.类型化视角下职业教育教师激励机制的理论建构与实践路径[J].成人教育,2024(9):65-72.

[9]梁裕.职业教育集团多元协同育人的理论研究与实践探索[M].桂林:广西师范大学出版社,2018.

[10]刘文清.终身教育理论与实践探索[M].广州:世界图书出版广东有限公司,2019.

[11]刘雪婷,孙芳芳,臧影.分离还是融合:职业启蒙教育课程实践样态的理论分析[J].中国职业技术教育,2023(8):56-60,67.

[12]马宏瑞,韩军荣.本科层次职业教育理论探索及实践[J].文渊(高中版),2023(9):82-84.

[13]马瑞香,李强,陈作亮,等.职业院校内部治理能力提升的探索与实践[M].青岛:中国海洋大学出版社,2018.

[14]石洪发.大学生职业生涯规划[M].北京:北京理工大学出版社,2020.

[15]史耀忠.职业素养教育的探索与实践[M].北京:北京理工大学出版社,2018.

[16]王晞.新时代职业教育教师队伍专业化建设与发展[M].北京:北京理工大学出版社,2019.

[17]王月琴.新时代大学生心理成长教育:理论与实践[M].武汉:华中科技大学出版社,2022.

[18]徐国庆.职业教育现代学徒制理论研究与实践探索[M].北京:经济科学出版社,2021.

[19]闫智勇,吴全全.现代职业教育体系建设目标研究[M].重庆:重庆大学出版社,2017.

[20]杨春平,黄苹.职业教育课程思政类型特色论[M].重庆:重庆大学出版社,2023.

[21]张静.中国职业教育理论与实践探索[M].北京:中国经济出版社,2022.

[22]张骏.大数据时代职业教育教师数据智慧发展研究[M].北京:旅游教育出版社,2020.

[23]张鹏超,吴德银,俞婷.高职院校学生思想政治教育的理论与实践[M].杭州:浙江大学出版社,2021.

[24]郑梦莉.高等职业教育理论与实践探索[M].长春:吉林出版集团股份有限公司,2024.

[25]郑孝梅.构建新时代职业教育评价体系的理论思考与实践探索[J].漯河职业技术学院学报,2023(5):40-44.

[26]周建松,盛健.高等职业教育教学创新与实践成效[M].杭州:浙江工商大学出版社,2015.

[27]周金堂.高等职业教育内涵建设的理论思考与实践探索[M].南昌:江西高校出版社,2017.

[28]朱建柳.职业院校品牌专业建设探索与实践[M].上海:上海科学技术出版社,2018.